献给
好奇的耳朵

丁言君 著

ZHEJIANG UNIVERSITY PRESS
浙江大学出版社

图书在版编目（CIP）数据

献给好奇的耳朵 / 丁言君著. — 杭州：浙江大学出版社，2020.3
ISBN 978-7-308-20079-0

Ⅰ.①献… Ⅱ.①丁… Ⅲ.①科学知识－少儿读物
Ⅳ.①Z228.1

中国版本图书馆 CIP 数据核字（2020）第 039230 号

XIANGEI HAOQI DE ERDUO

献给好奇的耳朵

丁言君　著

策划编辑	肖　冰
责任编辑	周　芸
责任校对	董　文
封面设计	周　灵
插　画	竹草子
出版发行	浙江大学出版社
	（杭州市天目山路148号　邮政编码310007）
	（网址：http://www.zjupress.com）
排　版	杭州兴邦电子印务有限公司
印　刷	杭州高腾印务有限公司
开　本	787mm×1092mm　1/16
印　张	12
字　数	189千
版印次	2020年3月第1版　2020年3月第1次印刷
书　号	ISBN 978-7-308-20079-0
定　价	36.00元

给小读者的信

亲爱的同学：

当你翻过扉页，心里是否仍在疑惑，为什么书名叫作《献给好奇的耳朵》呢？难道书中的文字会唱歌吗？当然不会。虽然我并不确定你是否喜欢这个书名，但我猜，你肯定是一个有着强烈好奇心的孩子，对不对？

我是一名科学老师，在我的课堂里坐着一群像你一样异想天开的孩子，他们的脑袋里总会蹦出数不尽的疑问。

"老师，人身上为什么不长长长的毛呢？"

"老师，狗狗睡觉的时候会做梦吗？"

"老师，金字塔真的是外星人的杰作吗？"

"老师，熊猫和猪一样'好吃懒做'，为什么它就成了国宝呢？"

有些问题还挺刁钻的，可是我特别喜欢这些问题，因为这些问题的背后，是同学们对这个世界深深的好奇。

好奇心可是个了不起的东西！它是我们基因里与生俱来的天赋，它是人类在这个星球崛起的重要本领，它是引领人类进步的火把。你脑海里的每一个"为什么"，都是一颗饱满的种子，也许今天还略显稚嫩，可待到明天，它便会开出绚烂的花，结出丰硕的果。

我把讲给我的孩子们听的科学故事整理成这本书，就是希望它能成为浇灌你好奇心的雨露。在书中，你将读到的不仅仅是一个个有趣的科普故事，还有世界被掰开的细节。

在人类进化的板块里，我们去探索人体的奥秘，镜子里你习以为常的结构，可能是自然界独一无二的存在。

在文明国度的硝烟中，我们发现曾经的宫殿早已掩埋在黄土之下，但留下的文明却成为人类前行的航标。

珠穆朗玛峰真的是世界上最高的山峰吗？那可是地球妈妈不言的秘密。

登月照片中的宇航员真的是你熟悉的阿姆斯特朗吗？书中或许有你想要的答案。

这个世界有许多妙不可言的细节，拥有好奇心的你一定能发现这些精彩。

这本书不会歌唱，但它可以释放你的天性，用自己的好奇心去聆听这个世界华美的乐章。

丁言君

2020年3月

目录

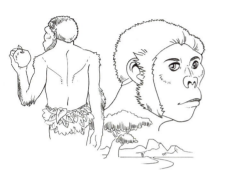

故事要开始了

人类有文字记载的历史已有几千年，在这几千年的文明史画卷中，昔日的王朝和战场已随岁月烟消云散，但支撑着每一个时代人类生活方式的技艺和显示着人类对自然认知的科学理论传承了下来。

人凭借着自己的技术而成为人，人通过自己的技术而造就自己。制造术、炼金术、雕版印刷术等为人类呈现了一个别具意义的世界；四大文明古国均为后世开辟了其各自的科学传统。

欧洲文艺复兴则让人们从封闭的世界走向无限的宇宙，从此，理论科学的成就通过转化为实用技术不断成为重要的社会力量而登上历史的舞台，带领我们走向"工业4.0"。

本书将和同学们一起回溯科学史上那些伟大与奇妙的时刻，那些扛着人类文明砥砺前行的大科学家们的故事值得我们细细品读。

回顾科学的历程，展望科学的未来！我们静坐在当下，跟着丁老师一起来认识科学史。

"我"来自何处？

　　你是怎么来的？这问题恐怕你都不屑于回答——这还用问？我当然是妈妈生的。好吧，这回答没毛病。

　　我要是把问题的范围扩大，问你："人类是怎么来的？"这就成了困扰过千千万万人的大问题了。老祖宗们的答案精彩纷呈。基督教徒说，上帝用泥巴捏了第一个男人——亚当，怕他无聊，就趁他睡着的时候，用他的肋骨变出了第一个女人——夏娃，亚当和夏娃繁衍出了全人类；日耳曼人说，造物神在路边看到了一棵大树，上面缠着藤蔓，他就把大树变成了男人，把藤蔓变成了女人，从此人类开始生生不息；中国人说，女娲娘娘用黄河里的泥巴捏出泥人来，吹口仙气，我们的祖先便活蹦乱跳地来到了世上。当然，这些都是神话。在科学不够发达的时代，人们只能用神话来解释世界上的规律和现象。

女娲娘娘

后来，伟大的达尔文出现了，他用《物种起源》告诉我们，人类是由古猿进化而来的。这也是目前世界上关于人类起源的主流观点，而从地底下挖出来的古人类化石，就是这个观点最有力的证据。但是你有没有想过，凭什么就说这挖出来的化石已经进化成了人类，而不是古猿呢？这就要从人类的生理结构说起了。人类诞生的一个最重要的标志就是直立行走（用腿走路）。然而，要实现长时间的直立行走可不是那么容易的事情，起码要具备三个生理条件。

1. 骨盆

骨盆就是一个骨质的"盆"，当我们还是胎儿的时候，它就装纳过我们。更重要的是，它上面连接着脊柱，下面连接着大腿骨，当我们想要直立行走时，没有结实的骨盆是不足以支撑上半身的重量的。考古专家还通过骨盆来判断，化石是男人还是女人，是成年人还是儿童。

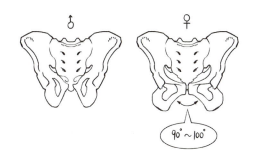

骨盆

2. 膝盖骨

膝盖骨并不是人类所特有的，很多哺乳动物都有。但是人类的膝盖骨明显更大、更硬、更结实，以应对人类频繁的奔跑和跳跃。

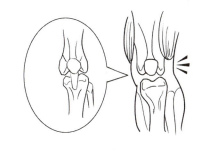

膝盖骨

3. 足弓

足弓是人类足的一个弓形结构，能更好地承受身体的重量，使人类走路更省力气，也减少了内脏和大脑受到的震动，起到了一定的保护作用。和膝盖骨不同的是，人类可是灵长类动物中唯一有足弓的物种。如果你喜欢体育，你一定知道非洲有很多出色的长跑运动员，他们的天赋正是得益于他们完美的足弓。

足弓

　　考古学家到处挖掘，想找到拥有上述特征的古人类化石。1974年的非洲，终于圆了他们的梦。他们发现了什么呢？让我们对这美好的世界继续保持好奇吧！我们下一讲再继续。

露 西 奶 奶

　　古人类的遗骸变成化石的概率是相当低的，所以想挖到古人类的化石和大海捞针真的没什么区别，再加上地壳的运动，这些化石大多被深埋在地下且支离破碎。幸运的是，1974年，在非洲一个名叫埃塞俄比亚的国家，他们遇到了……

　　当那些零碎的骨骼化石呈现在眼前时，经验丰富的考古学家们发现这具"古猿"的足弓非常明显，而且其骨盆和腿骨的结构完全具备了现代人骨盆和腿骨的功能。天哪，这哪是古猿，这分明是直立行走的人类！更令他们兴奋的是，检测发现，这具化石所生活的年代约在320万年前，这比之前考古学家发现的任何一具古人类化石都要久远。考古学家为自己的发现激动不已，他们进一步分析了骨盆，发现这是一名女性，已经生过宝宝。当时，考古现场正在播放一首名为《露西在缀满钻石的天空》（"Lucy in the Sky with Diamonds"）的歌曲

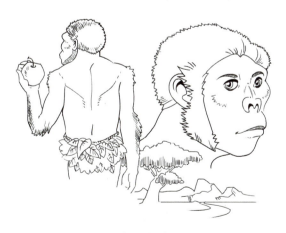

南方古猿

（由著名的"披头士"乐队演唱），于是他们就以歌曲中主人公露西的名字命名了这具古人类化石。

这具古人类化石后来名扬天下。露西被称为"人类的祖母"，我们也可以亲切地称她"露西奶奶"。

30年后，考古学家在埃塞俄比亚又发现了一具更早的男性古人类化石，化石长达1.5~1.7米，远远大于露西的1.1米，拥有堪比韩国"欧巴"的大长腿，因此被取名为"大个子"，又被称为"露西的祖父"，他生活的年代距现在360万年左右，这也是目前人类直立行走最早的记录。

直立行走是人类发展重要的转折点，它的优点非常明显。

直立行走的优点

（1）科学家研究发现，直立行走能大大节省能量的消耗。可以说，人类是地球上耐力最为出色的动物之一，这使我们能前往更远的地方去探索。同时，人类也因此拥有了独特的狩猎方式，那就是长距离追杀猎物，使它没办法停下来休息，再加上连续的追赶会使动物因紧张而导致能量的加速消耗，最后活活累死。

独特的狩猎方式

（2）直立行走解放了人类的前肢，促使其进化为更加灵活的双手，从而使人类在使用工具上拥有了巨大的优势。

（3）直立行走使人类拥有了更开阔的视野，也更便于摘取树枝上的果实，甚至在打架时忽然直立的身躯能威慑敌人，把它们吓得屁滚尿流。

直立行走的新视野

当然，世界上的事物都有它的两面性，有优点，就一定伴随着缺点。

直立行走的缺点

（1）我们直立的身躯加上大大的脑袋，增加了脊柱和膝盖的负担，人类十分普遍的腰疼和膝伤与直立行走密切相关。

（2）为了更好地支撑，人类的骨盆变得更短更硬，这使得胎儿在母亲的体内得不到宽裕的空间。为了不让逐渐长大的宝宝胎死腹中，母亲只能把孩子"提早"生出来。不知你是否看到过《动物世界》里刚出生不久便能走路的小马驹，相比之下，刚出生的你只会闭着眼睛号啕，因为我们都是这个美丽世界的"早产儿"。

（3）为了直立，人类需要摄入更多的食盐，这在动物中十分特殊。

其实，人类在进化的过程中，除了直立行走，还有很多独特的生理变化，让我们下一讲继续来发现吧。

"脱"下"毛衣"的人类

在人类进化的过程中，除了直立行走，身体的另一个明显的变化，便是我们把"毛衣"给"脱"了，只剩下头顶上留着头发，其他地方就算有，也十分稀疏。

毛发其实是很有用的东西。它能保存热量、抵御寒冷；也能在碰撞和摩擦时起到一定的缓冲作用。有些动物的毛发甚至可以表达情绪。小猫受惊吓的时候，会往后一跃，怒目圆睁，"喵"地发出一声尖锐的叫声，随后身上的毛发会竖起来，俗称"炸毛"，这时候你就该躲得远远的了，"喵星人"在表达它的愤怒。猫头鹰"炸毛"的模样非常萌。而老虎的毛发就更神奇了。老虎身上有着美丽又霸气的斑纹，而且，即使你把它的毛发都给剃了，它的皮肤上依然留有条纹，简直是一种身份的特殊标志！难怪是百兽之王。要知道斑马、长颈鹿、猫这些看似毛发颜色丰富的动物，剃了毛，皮肤都只有一种单一的颜色。

哺乳动物中除了超大型的如鲸、大象、犀牛外，毛发稀少的真的十分少见。

其实，人类在进化的初始阶段，毛发应该是覆盖全身的，你看我们的近亲黑猩猩直到现在依然是"长发飘飘"。科学家考证，人类毛发的减少发生在大概300万年前。在此之前的古人类基本上都生活在非洲，那里有大片的森林，他们大部分时间都生活在树上。但是，接下来，气候发生了剧烈的变化，大干旱发生了。树木由于需要的水量比较大，开始大量死亡；小草则幸存下来。于是森林逐渐变成了草原，古人类被迫从树上下来，走向了草原。随之而来的，是他们身体的毛发逐渐变少。

毛发为什么会变少？

科学家们提出了很多的猜想。先来说一个最有意思的，叫"水猿"假说。人的祖先是类人猿，"水猿"就是指生活在水里的猿类。这些科学家认为，人从森林里出来后，并没有马上去草原，而是在浅海里生活了很长一段时间，才回到了陆地上，他们的毛发也随着海洋生活褪去了。这个理论最大的缺陷是缺少证据。假设他们真的曾经生活在浅海，那就该留下大量的"水猿"化石，因为海洋环境是十分有利于化石保存的。但事实上，我们连一具"水猿"的化石都没找到过。

相比之下，另外两个解释更接近我们的认知。

1. 散热

离开森林后，没有了树荫的庇护，人类开始直面草原上毒辣的阳光。人类是喜欢在白天活动的物种，通常在烈日下暴晒着四处狩猎，狩猎的方式又是利用耐力做长距离的奔跑和猎杀，褪去毛发能使身体更好地散发热量，以保证热量不会过高。

"脱"下"毛衣"散热

2. 减少寄生虫

毛发越多，身上越容易滋生寄生虫，尤其是一种叫虱子的寄生虫。虱子喜欢寄生在人身上吸血，还会传染疾病，它们尤其喜欢藏在毛发里，让你很难抓到。（如果你喜欢看《动物世界》，你还能看到大猩猩相互抓虱子的镜头。）

来自寄生虫的困扰

这时候，如果人身上的毛发变得稀疏，虱子的生存空间就会变小，而人类感染传染病的概率就会大大降低，这一部分人类得到生存的机会就会增加，这可能就是人类毛发变稀疏的原因之一。

当然，你也不用担心人类毛发减少后，御寒能力会下降，这个问题的解决方法便是缝制衣物。

这里顺便聊一聊虱子。人类在进化，虱子们也在适应变化。自从人类的毛发稀疏后，虱子们的生存空间就变小了，从全身被迫转移到了人类的头发上。而身体其他部位也有少量的毛发，被另一种虱子盯上了，人类身上就有了两种虱子寄生。

还有些虱子发现，人类衣服的褶皱里原来也是可以生存的，于是从头发的虱子里进化出了第三种，专门生活在衣服里的虱子。所以，现在人类身上寄生着三种不同的虱子。

直立行走和脱掉"毛衣"都提高了人类的生存能力，但是，直立行走和脱掉"毛衣"并非是让人类在生物界脱颖而出的根本原因。

人类的崛起中，三招"独门绝技"的修炼极为重要。下一讲，我们就来讲，人类进化的三招"独门绝技"。

人类进化的三招"独门绝技"(1)

从"大个子"和"露西奶奶"开始，人类一直处在进化中，想要生存就必须在这个弱肉强食的世界里变得更强。可现实情况是，人是动物界中能力相当平庸的物种，我们没有熊的力量、豹的速度、狼的嗅觉，更没有鹰那样敏锐的眼睛，就连乌龟都比我们多一块盾牌。所以，很长一段时间我们都只能从狮子、豺狼等遗弃的动物尸骨上挖一些残存的碎肉，敲一些骨髓来充饥，同时还要随时防备突如其来的各种动物的偷袭，总之人类过得很惨。

在进化过程中，三招"独门绝技"在人类的崛起中起到了至关重要的作用。

第一招，用火

用火是祖先们偶然的发现。可能是在一次火山喷发中，也可能是在一次雷电引发的森林大火中，总之，当古人类在惊恐中幸存下来的同时，他们意外发现烤熟的野兽是如此美味，发现跳跃的火焰是如此温暖，发现那些虎视眈眈想吞噬人类的野兽对火充满了恐惧，原来火这么有用！对火的崇拜促使人类在千万年的摸索中学会了钻木取火等方法，第一招"绝技"正式宣告练成。

学会用火

火的利用，既增强了人类抵御寒冷气候的能力，又让人类更容易吸收食物中的营养，还帮助人类驱赶那些面目狰狞的野兽；用火照明还加强了人类探索黑暗世界（黑夜、洞穴等）的能力。科学家还发现，煮熟变软的食物，导致了古人类咀嚼能力下降，下颌骨开始退化。这本来是件坏事，却带来了一个令人惊喜的意外，那就是下颌骨的退化以及咀嚼肌肉的萎缩反而为大脑的进化腾出了空间，真是塞翁失马焉知非福。

学会了钻木取火，人类成为第一种能支配自然力量的动物。老鹰能够利用气流翱翔蓝天，却不能让风服从它的指挥；大马哈鱼利用洋流，游回到数千公里外的家乡去产卵，却同样不能控制水的流向；但人类学会了支配火的力量，这大大提高了人类的生存能力。

第二招，使用工具

我们来想象一个场景，部落的大人们要准备晚餐了，吃什么呢？有人提议："这么冷的天就吃烤猪肉吧。""好呀！"一呼百应，一大群人出发了。虽说人多势众，但是他们的拳头在皮糙肉厚的野猪面前毫无优势，还要面对野猪的獠牙，一不小心，反而成了野猪的晚餐。

怎么办？他们看着自己因为直立行走而进化出的灵活双手，灵机一动，我们怎么就不拿地上这硬邦邦的东西去砸它呢？果然效果很不错，野猪被砸得嗷嗷叫。后来，这东西就被取名为石头。更聪明的人选择用尖尖的石头，甚至把它们打磨出尖尖的角，于是，人类战损率骤降。

学会使用工具

更会动脑筋的人就想，这石头扔出去就没有了，又变赤手空拳了。于是：有人找了根藤条把石头绑在木棍上，战斧就有了；有人把石头绑在更长的木条上，长矛就出现了；再后来又有了弓箭……人类战斗力一路飙升，别说野猪，连猛犸象都成了猎物。

有一个家喻户晓的寓言故事叫《狼来了》。其实，生物界还有一个让动物们更害怕的故事，叫《人来了》!

工具的使用让人类并不强健的体格得到了新的补充，了不起的是，这种补充还处于不断的升级换代之中。千百年来，野猪的獠牙还是獠牙，而人类的工具却早已经从石头升级到了核弹。工具的进步并没有局限在武器上，交通、住所、通信等领域因为工具的发展而不断进步。

人类在自然生存的竞赛中一骑绝尘。

简单补充，使用工具这项"绝技"严格说来并不是人类所独有的。有一些动物也能使用甚至制造简单的工具，比如大猩猩就能找来树枝涂上唾沫，去粘洞穴里的白蚁当食物。但这些动物使用工具的水平与我们天差地别。

可能你会说，用火和使用工具不都是因为我们有发达的大脑吗？没错，下一讲要介绍的是人类的第三招"独门绝技"——大脑的进化，这也是人类所有能力的基础，让我们下一讲继续。

人类进化的三招"独门绝技"（2）

上一讲，我们说到了人类进化的三招"独门绝技"中的前两招，分别是用火和使用工具，这两项大招把人类从总是被其他动物欺负的弱者，变成了总算有机会去欺负其他动物的强者。不过，更厉害的还是第三招。现在我们便来讲讲，人类进化的三招"独门绝技"中的这最后一招。

第三招，大脑的进化

为了生存，生物不断发生着进化。哺乳动物最常见的进化方向是加强力量，把营养更多地分配给肌肉，使得肌肉更加强壮。羚羊有了强壮的腿部肌肉，可以跑得更快；鹰有了强壮的胸肌，可以飞得更高；恐龙则把这种进化方式演绎到极致，全身强健的肌肉，使它曾一度成为地球的霸主。

而人类的进化方向却非常奇特，千万年来，我们没有成为肌肉猛将，却成了"大头娃娃"。是的，人类的第三项"独门绝技"就是大脑的进化。你千万不要以为这是理所当然的，要知道在远古时期，发达的肌肉才是生存的第一法宝。人类把原本要分配给肌肉的营养留给了大脑，这个过程在当时看起来就是找死，

大功耗小个子的大脑

"聪明的大脑"在很长一段时间里并没有表现出生存上足够的优势，人类没被淘汰掉，是幸运的。

同时，为了大脑的进化，人类付出了许多。

（1）我们的大脑只占人体重的3%左右，这么个"小家伙"每天却要消耗掉人体25%的能量，真是小个子大功耗！

当我们还是妈妈体内胎儿的时候，这个比例会更惊人。当你发育到9个月时，你所吸收的87%的营养被用在了大脑的发育上。所以，也有科学家认为，人类"早产"不仅仅是因为骨盆小，更是因为大脑消耗能量过大，妈妈无法承受只好提早生宝宝。

（2）人类把最棒的两个保护结构给了大脑，一个是我们的颅骨，另一个是血脑屏障。我们的颅骨像个球（球形是最牢固的结构），就像给大脑安上了"铜墙铁壁"，给予最可靠的保护。血脑屏障就像电脑里的防火墙一样，可以阻止大脑不需要的物质随意进入大脑，相当于单独设了一个门卫。

"铜墙铁壁"中的大脑

（3）人类有 $\frac{1}{3}$ 的时间用来睡眠，而睡眠最大的作用就是用来清除大脑工作中产生的"废物"。生活中，人体会产生大量废弃的蛋白质，由人体的淋巴系统充当清洁工把它们清理掉。但是，大脑中没有淋巴系统，如果让废弃的蛋白质不断堆积于其中的话，人就会得病，比如帕金森病、阿尔茨海默病等。所以睡眠最大的作用其实不是缓解疲劳和恢复体力，这些只要你趴着不动就可以做到。睡眠更大的作用就是，让角质蛋白在睡眠期间清理掉废弃的蛋白质，保持大脑的"整洁"，保护大脑的健康。

睡眠"清洁"中的大脑

最终，人类进化出了超级大脑：我们的脑容量可达1500毫升，是"亲戚"黑猩猩的 3 倍左右；有科学家称我们的大脑约有 860 亿个神经元，这数量是好几个亚马孙森林的树木数量总和；我们的大脑皮层由神经元细胞叠加而成，一层层就像洋葱一般，黑猩猩只有 3 层，而我们人类拥有 6 层。

超级大脑给予了人类非凡的智慧和惊人的学习能力。人类从鸟类身上获得了飞行的灵感，根本不需要花千百万年的时间去进化出强健的胸肌和翅膀，借助飞机我们便能翱翔蓝天，甚至，我们研制的航天飞机还能冲出大气层，这是其他任何动物都不曾做到的。人类从鱼类身上得到了启迪，根本不需要花千百万年的时间去进化出鱼鳍、鱼鳔和纺锤形的身体，借助潜艇我们便能畅游大海，甚至，我们的"蛟龙号"还能下潜到深度为 7062 米的深海，这是绝大多数的鱼类都做不到的……这样的例子比比皆是，这样厉害的本领还有了个专门的名字——仿生学。

这还不是大脑最厉害的地方，人类的大脑还衍生出了一种比肌肉更强大的力量——想象力。

现在请你闭上眼睛，和丁老师一起来想象：秦始皇站在巍峨的宫殿里，向大臣们宣告，为了抵御匈奴的进攻，我们要在边疆的崇山峻岭间建造一道延绵数千里的城墙，当敌人来犯时，英勇的士兵可以点起狼烟互相报信，同时利用长城便捷的道路紧急调派兵马，最后利用有利的地形消灭敌人。

虽然这道长城还没建起来，但是大臣们的脑海里已经有了一个美好的画面，那里有蜿蜒曲折的城墙，有匈奴强盗无可奈何的表情，有秦朝百姓丰衣足食的生活和幸福的笑脸。于是，为了这个想象中的美好，人们说干就干，想象力促成了人类的大规模合作。

在刚才的想象过程中，你是否已经在脑海里塑造出了秦始皇、长城和建造长城的工匠的形象呢，虽然你从未目睹过建造长城的场景。没错，因为，你拥有想象力。

很多小朋友所喜爱的《哈利波特》同样也是想象力的产物，里面的很多事物从未存在，却活在我们的脑海。

想象力被认为是在自然界中人类所特有的，没有证据证明其他任何一种动物可以虚构出一个从未真实存在过的东西。

想象力是人类很多能力的基础，它让人类在地球上所向披靡。

当然，也因为我们的突然崛起，大量的生物遭受了灭顶之灾，这是后话。

还有一点，是你需要了解的，历史上曾经出现过好多人类物种。比如体型魁梧、肌肉发达的尼安德特人；比如直立人，他们在地球上存续了约200万年，是目前所知的存续最久的人类物种；还有矮小的梭罗人，他们的身高不超过1米，却敢于猎杀大象；还有鲁道夫人、匠人（估计制作工具的本领很是了得）、丹尼索瓦人……他们都属于人类，分属于不同的人种，就好比同为老虎还可以分为东北虎、华南虎、印度虎一样。当然，后来他们都消失了。

而现在，不论你是白皮肤、黑皮肤还是黄皮肤，不管你是中国公民、美国公民还是阿根廷公民，事实上我们都属于同一个人种，也是目前大自然中唯一幸存的人种，名叫"智人"。相比于人类300万年左右的历史，智人的存在时间其实很短，只有10万年左右，是一个非常年轻的物种。

关于大脑和它的进化还有好多好多的神奇之处，我们有机会再聊。当我们回头眺望人类和生命的起源，我们要感谢一位智者，是他打开了我们认识生物进化的大门，这位智者是谁呢？留给大家思考。

乘着军舰去远航

　　既然提起了人类的起源，就必须要讲讲达尔文和他的旷世巨著《物种起源》。《物种起源》这本书系统阐述了进化论的完整体系，简单地说，就是告诉我们，包括人在内的生物到底是怎么来的，是怎么一步一步演变成现在这个样子的。

　　在与上一讲内容相应的广播栏目《万物简史》的听众留言中，丁老师发现很多"鱼粉"（"科学鱼"公众号的粉丝）认为"打开我们认识生物进化大门"的智者是达尔文。这可是要纠正一下的。最先提出生物进化学说的科学家是法国博物学家拉马克（Jean-Baptiste Lamarck，1744 年 8 月 1 日—1829 年 12 月 18 日），他是进化论的倡导者和先驱。但是因为拉马克的学说仍然有很多现象无法解释，所以他的理论传播在当时并不广泛。绝大多数的人更愿意相信，人类是由上帝创造出来的，万物都是上帝的杰作。

　　巧合的是，在拉马克提出"进化论"这概念的同一年，达尔文呱呱坠地了，那是 1809 年。

　　查尔斯·罗伯特·达尔文（Charles Robert Darwin，1809 年 2 月 12 日—1882 年 4 月 19 日，下文中称达尔文，以区别其祖父和父亲）的出生并不平凡。他家是英国的医学世家，祖父伊拉斯谟斯·达尔文和父亲罗伯特·达尔文都是英国著名的医生，他的外祖父因为创立了工业化的瓷器生产工厂，被称为"英国的陶瓷之父"。所以，达尔文是天生的"高富帅"、标准的"富三代"。他父亲理所当然地想让他子承祖业，希望能再培养个名医出来。偏偏达尔文就是不喜欢医学，他甚至告诉父亲，他一看到流血就会恶心。医生要是晕血，就好比 F1 赛车手闻到汽油味要吐一样。看来这职业是没法继承了。

他父亲罗伯特一怒之下就把他送到了剑桥大学让他学神学。基督教是欧洲最主要的宗教，绝大多数人信奉基督教，所以罗伯特想把儿子培养成"尊贵的牧师"。可惜，他依然不喜欢。他自己都认为在剑桥学神学的3年是他荒废的3年。但这3年并非毫无收获，因为达尔文从小就特别喜欢动植物，喜欢搜集杂七杂八的新奇玩意儿，作为神学院学生的他却经常去旁听博物学和地质学的课，一来二去还和两位教授成了朋友，这两位教授对他影响巨大。

一位教授是地质学家塞奇威克，他曾带着达尔文去威尔士考察了"寒武纪"地貌（"寒武纪"这名字是不是很熟？偷偷告诉你，这是一个约5.42亿年前至4.85亿年前的时期。寒武纪地层里会有三叶虫等远古生物的化石），手把手教了达尔文很多科学的观察方法。更重要的是，他在达尔文心中烙下了科学的烙印，那就是：科学要尊重证据，用实证来得出科学的结论。（这话是不是很耳熟？你的科学老师也经常这么说，对不对？）

另一位教授是植物学家亨斯洛，他对达尔文的影响更直接，他推荐达尔文登上了一艘英国的军舰，这艘军舰便是后来名扬天下的"小猎犬号"（又被称为"贝格尔号"）。达尔文以博物学家的身份参加了这次历时5年的环球科学考察，穿过了四大洋之三（大西洋、太平洋和印度洋），到过南美洲、非洲、大洋洲和欧洲的很多地方。这次环球航行为达尔文成为伟大的博物学家奠定了基础。

有同学说，这也太爽了，一趟"跟团游"下来就名垂青史了？那你就想错了，这是一趟艰苦的行程。达尔文在当时毫无名望，只能住在船尾顶部的海图室里，那是船上颠簸最厉害的地方，加上他又有严重的晕动症（这里是主要指晕船），情况可想而知。

更多的时候，他会随着考察队深入茂密的丛林，趟过湍急的

亨斯洛（左）和达尔文（右）

河流，登上陡峭的高山，去采集动植物标本，去挖掘古生物的化石。作为一个从小没吃过苦的富家子弟，他需要有比别人更强的毅力和对科学的执着。他在南美洲考察时还染上了疾病，这更是让他在后来的40多年里一直处于身体羸弱的状态，真的是为了科学竭尽全力。

当然，达尔文的心血没有白费。

他根据自己的航海日志撰写了《乘小猎犬号环球航行》，记录了这场冒险之旅，细致地描述了沿途所见的动植物、地质、部落等景象。由于他敏锐的观察力和生动的文笔，这本书一经出版便好评如潮，让他拥有了无数粉丝并一跃成为当时最著名的博物学家之一。

更重要的是，环球航行拓宽了他的眼界，让他看到了大量闻所未闻、见所未见的物种。而各种物种之间千丝万缕的关系又让他陷入沉思。比如到了科隆群岛（当时称加拉帕戈斯群岛），他发现每个小岛上都有燕雀，可不同小岛上燕雀的身体又存在微小的差异（这些燕雀触发了达尔文的思考，后来也被称为达尔文雀）。这些见闻极大地打开了达尔文的思路，让他对"上帝造物说"产生了强烈的怀疑。实地考察所接触的活生生的事实和大量的证据，使他产生了生物逐渐进化的思想。

当然，此时，伟大的著作《物种起源》仍停留在他的脑海里，还没有横空出世。随着时间的推移，生物进化的思想在达尔文的脑海里逐渐成熟。但他不敢写出来，更不敢拿出去发表，这是为什么呢？下一讲《和上帝"辩论"的男人》会告诉我们答案。

和上帝"辩论"的男人

上一讲，我们介绍了"富三代"达尔文，他"抛弃"祖传名医"血统"，放下未来神父的身份，投身到博物学的怀抱之中，乘着"小猎犬号"环球航行，历经风雨，成了著名的博物学家。如果达尔文的故事到此结束，他也就是一个科普类的"网红作家"而已。这一讲，丁老师要告诉你，他之所以流芳百世，是因为，他是和上帝"辩论"的男人。

《物种起源》是达尔文的作品中最伟大的，也是遇到困难最多的一部。如果你觉得他写《物种起源》最大的困难来自长达5年的环球航行，那你就大错特错了。与他后面所遇到的困难相比，航行中身体的疲惫简直不值一提。

请跟随丁老师的故事走进达尔文的世界吧。此时此刻，我们的主人公达尔文在伦敦郊区一个农场的房子里焦急地走来走去。这个农场在一个叫作唐村的地方，达尔文航行归来后一直住在这里。他刚刚收到了一封信，是一位名叫华莱士的年轻人写来的。这个华莱士可不是卖炸鸡和汉堡的，他是一位年轻的博物学家，在马来群岛考察的过程中受到了启发，他坚信生物都是从远古时代慢慢进化而来的，随信还寄来了研究报告，请达尔文指导。

达尔文和他的《物种起源》

这封信让达尔文大吃一惊，因为从"小猎犬号"返航到此刻已经过去了20多年，把进化论写成书一直是他的梦想，而华莱士的横空出世意味着别人要领先了。

你也许会问了，这都过去20多年了，他怎么就不早点写呢？早点写就什么事情都没了嘛！

还真的是有原因的。

整理材料和证据的达尔文

首先，受塞奇威克的影响，达尔文知道证据对于科学的结论有多么的重要。他一直在整理航行中积累的材料和证据，好让自己的进化论更有说服力。

其次，也是更重要的一点，生物进化论站在了上帝的对立面上。还记得我们上一期讲到过的基督教吗？当时的欧洲有90%以上的人是基督教徒，他们对"上帝造物说"深信不疑，他们坚信，人类是上帝按照他自己的样子给造出来的，是无比高贵的存在。

而进化论却给大家泼了一盆冷水，说人和其他动物没什么区别，都是从低等动物进化而来的，我们人类曾经也捶胸顿足地和猴子一起抢过香蕉。

这意味着什么？这意味着我们不需要感谢上帝的创造，"上帝造物说"被击碎了，上帝的形象崩塌了。

这是不能被基督教所接受的。

不被接受的后果是什么呢？这么说吧，上一个与基督教产生重大分歧的科学理论是"日心说"，指出地球不是宇宙的中心，宇宙是围绕着太阳转的（当然，现在大家都知道宇宙没有中心，但就当时而言这个理论是非常先进的）。结果"日心说"的支持者布鲁诺在广场上被活活烧死。在那个年代，教皇的权力甚至比国王和法律的还大。

所以，达尔文当时不敢写。他想把这本书的写作时间放在他的晚年，等他去世后再出版，他觉得可能这样影响会小一点。

但是，比他小14岁的华莱士的出现，点燃了他的勇气，他奋笔疾书，拖着病体（他航行回来后就一直疾病缠身），只用13个月就写完了《物种起源》。

因为以前写的书好看，听说"网红作家"达尔文要出新书，英国人翘首以待。《物种起源》一出版，1000多本书就被抢购一空。然后，整个英国沸腾了。进化论的脑洞开得太大了，支持者顶礼膜拜，反对者暴跳如雷。双方直接就吵起来了。然而那个年代没有网络，没有微博，没有贴吧，更没有朋友圈。大家就相约在牛津大学的图书馆展开一场大辩论。

"上帝"一方的出场阵容十分强大，由伦敦的主教大人亲自出马。伦敦是英国的首都，伦敦的主教差不多就是英国的基督教领袖了。达尔文没有亲自出马，出场的是人称"达尔文斗犬"的赫胥黎（他获得这个绰号的原因是他性格刚正，也是达尔文的忠实追随者）。

双方唇枪舌剑，你来我往，辩得不可开交。原本温文尔雅的主教大人甚至出言讽刺赫胥黎："请问你的爷爷和奶奶，哪个是类人猿啊?"赫胥黎也毫不示弱，义正词严地回答："主教大人，我宁可我的祖先是头类人猿，也不希望是混

人类的祖先

淆黑白的你。"

当时的辩论虽然没有分出最终的结果，但让更多的英国人了解了达尔文的进化论，扩大了进化论的影响。

最后，达尔文写《物种起源》的另一个"压力"来自自己的妻子艾玛。他们夫妻感情非常深厚，达尔文自从在巴西得了病，此后的43年里一直是艾玛在无微不至地照顾他。但是，艾玛是个虔诚的基督教徒，她对于丈夫挑战"上帝造物说"感到非常无奈。她一直希望自己的丈夫能和她一样虔诚地信奉基督教，但最终她支持了达尔文的工作，还当起了达尔文的助手，帮他整理书稿，修正语法错误。

艾玛出身名门，有很高的文学修养。她年轻的时候跑到巴黎去学过钢琴，她的钢琴老师可是大名鼎鼎的肖邦。

所以，《物种起源》的出版，也有艾玛的一份功劳，也正因为这样，达尔文觉得亏欠自己的妻子很多。

所以，你看到了吗？

他的成就，源于他随"小猎犬号"5年的颠簸。

他的成就，源于他拖着病体夜以继日地写作。

他的成就，源于战友的据理力争。

他的成就，源于身边亲人无私的关怀和理解。

他的成就，在于他为这个世界开了一个大大的脑洞，并且用大量的证据来论证了进化论的科学性，这就是科学的精神。

他的成就更是获得了人们的尊重。

他死后被葬在了威斯敏斯特大教堂——那个原本用来安葬国王和贵族的神圣大教堂。在那里面安葬的英国科学家都是国宝级的，如牛顿、法拉第、麦克斯韦等。虽说是安葬，但其实大多数科学家只是立了一块墓碑在那，只有牛顿、达尔文和赫歇尔（天王星的发现者）3人有棺椁在那里。考虑到这是基督教神圣的大教堂，而达尔文又是和上帝"辩论"过的男人，这样的礼遇，可以说是对他最大的赞赏。

而他的巨著《物种起源》后来也流芳百世！

四大文明古国——尼罗河畔的土豪

前面我们介绍了人类的起源：利用进化的大脑，人类学会了用火、使用和制造工具，提高了战斗力，从被猛兽追着拼命逃跑进化到猛兽见到人类拼命逃跑。人类在动物界崛起了！

接下来我们来讲讲人类文明的进化史：人类不断繁衍生息，逐渐形成了若干个先进的文明古国，分布在地球上不同的角落，对后世的影响非常巨大。人们还把其中最有名的四个并称为"四大文明古国"，它们分别是古埃及、古巴比伦、古印度和中国。

我们现在要来介绍的是尼罗河孕育的文明——古埃及。

它的第一个特点是早！

它是历史悠久的文明古国之一。早到什么程度呢？大概6000年前，古埃及就聚集了几百万人；约4700年前，第一座金字塔就拔地而起。打个比方，在古埃及开始造"摩天大楼"的时候，我们的女娲娘娘才刚刚补完天，神农还在尝百草，大禹还没有开始治理洪水，也就是说，此时的中国还处于"神话传说阶段"。我们的中华文明在世界上也算是源远流长了，但是和古埃及一比，就略显年轻了。

它的第二个特点是富。

这要感谢尼罗河。尼罗河是世界上最长的河流，也是流经埃及境内地表唯一的大河，它还有一个非常美的名字叫"月亮的眼泪"。尼罗河有着温和的脾气，虽然每年都会定时泛滥，6月到10月涨起的河水会淹没田野。与黄河泛滥冲毁村庄、损毁田地不同的是，尼罗河虽泛滥但不成灾，等到水位下降，老百姓们又能继续耕作。退去的尼罗河水还会留下厚厚的一层淤泥，淤泥里有丰富的腐殖质，会使下游地区的土地变得极其肥沃。幸福的古埃及人就在母亲河的护佑下耕种农作物，如棉花、椰枣等等。所以有科学家认为，古埃及人可能是地球上最早不用终年耕作就能养活自己的人类。

老百姓都这么"富"了，法老当然更是"富"得流油了（古埃及的统治者被尊称为"法老"，相当于古代中国的皇帝，欧洲的国王）。那么这么有钱怎么办呢？搞"房地产"啊！

当然法老盖的可不是商品房，人家是盖神庙，比如卡纳克神庙。卡纳克神庙内竖有134根柱子，其中最大的柱子有23米高（相当于现在普通的7层楼房的高度），直径5米，需要约10人才能环抱。这样的建筑令人叹为观止，被认为是世界上最壮观的古建筑之一。

卡纳克神庙

还有用整块的花岗岩制作而成的方尖碑，也是古埃及的标志之一。可惜随着在战争中流失，方尖碑现在留在埃及的数量连一半都不到。

法老们搞"房地产"的热情还从生前一直延续到死后。事实上，古埃及最具有代表性的建筑无疑是法老们为自己修建的陵墓（即帝王的坟墓）——金字塔。为什么他们要把陵墓造得如此宏伟奢华呢？

金字塔

古埃及人和古代中国人观点惊人地相似，都"视死如生"，就是把死亡看成生命的另一个起点。你看，我们的秦始皇也建造了巨大的陵墓，里面放满奇珍异宝，还烧制了数量庞大的兵马俑。当然也有不同。秦始皇大概是相信死后会去另一个世界，他要继续去统治另一个世界，去享受他的荣华富贵。而法老，据说是从尼罗河定期的泛滥里得到了灵感，看着被淹没的植物第二年又重新生根发芽，他相信，人在适当的条件下同样会复活过来。所以他需要造一座宏伟的坟墓，等待自己的复活。于是，金字塔就出现了。

金字塔代表了古埃及人在建筑领域的高超技艺。它大得惊人。最大的胡夫金字塔高达146.6米（现高136.5米），有近40层楼那么高。在巴黎的埃菲尔铁塔建成之前，它一直被认为是世界上最高的建筑物，这个冠军的头衔一挂就是四千多年。建造它的石块多达230万块，平均每块石头更是重达2.5吨。可是大石头之间的缝隙又小得令人匪夷所思，连一块薄刀片都插不进去。在没有起重机和钢筋混凝土的时代，这样的工程是令人难以置信的。难以置信到什么程度呢？就是到目前为止，科学家们还在争论，它是怎么造出来的？各种猜想都有，甚至有人提出这是外星人的作品，因为这样的建筑实在是超出了我们所知的古代人类文明的极限。

作为陵墓，金字塔里最重要的物品，当然是法老的尸体，没错，就是大名鼎鼎的木乃伊（即人工干尸）。为什么要将尸体做成干尸呢？因为古埃及人相信复活的一个基本条件就是肉体要保存着，所以古埃及人几乎把他们在医学上的全部智慧投入到法老木乃伊的制作当中。我们发现，几千年后出土的木乃伊，它的头发、指甲、牙齿都还在，甚至额头上的皱纹都还清晰可见。

古埃及人制作木乃伊，会在人死后掏空内脏和大脑，只留下心脏。为什么留下心脏呢？这个想法又和古代中国不谋而合。中医认为"心主神明"，认为心脏是用来思考的器官，我们现在还经常用"我心想"来表达自己的想法。当然，我们现在知道这是不正确的，大脑才是负责思考的器官，但是当时的人们普遍认为心脏是最重要的器官。掏空内脏和大脑后，古埃及人会填入防腐的草药，最后再给木乃伊缠上一层层的裹尸布，这可是很有讲究的，古埃及人会在上面写上密密麻麻的字，根据古埃及的传说详详细细地记录到了阴间以后要一步一步怎么做，就像游戏攻略一样，用来帮助法老完成各项"任务"，重返人间。

他们考虑得很仔细，担心木乃伊脸部腐烂后，灵魂会找不到自己的肉体，所以还会根据死者的面貌，做一个黄金面具盖在脸上。其中最有名的就是图坦卡蒙（图坦卡蒙是古埃及历史上一个很年轻就去世的法老）的黄金面具，它已经成为埃及博物馆的镇馆之宝。

木乃伊的制作依赖于古埃及高超的医学水平，同时推动了古埃及医学的发展。在三千多年前，古埃及人就发明了剪刀、止血钳、柳叶刀等外科器械，在当时就能完成开颅手术（要知道开颅手术的难度是相当高的）。

古埃及文明的强盛，可远不止建筑、医学，在天文、数学等领域他们也有杰出的成就。根据尼罗河的泛滥时间，古埃及人定义了"年"这一时间概念，小学科学五年级学的《时间的测量》里就介绍过，正是古埃及人最早把一天分为24小时。我们要感谢勤劳勇敢的古埃及人，也要感谢脾气温和、哺育万代的尼罗河。

可惜，并不是所有的母亲河都这么温顺。另一位伟大文明的"母亲"就"脾气暴躁"，"性格"令人捉摸不定，而她的子民却在她的"暴脾气"下顽强地发展，成为人类文明的另一个重要基石。这是哪个文明呢？下一讲我们揭晓答案。

四大文明古国——爱在西元前

丁老师开始工作的那一年，有一个男孩也刚好做了歌手，他便是后来的歌坛明星周杰伦。他有很多脍炙人口的好歌，但丁老师最喜欢的是那首《爱在西元前》（西元前就是公元前的意思），歌词为我们描述了一个伟大的文明古国，那里有祭祀、神殿、法典、楔形文字，有绵延的底格里斯河和广袤的美索不达米亚平原。没错，这就是我们今天要讲的——璀璨无比的古巴比伦文明。

古巴比伦的发源地在美索不达米亚平原，大致在现在的伊拉克境内。"美索不达米亚"古希腊语的意思是"两条河流之间的地方"，这个地方又被称为两河流域。到底是哪两条河呢？底格里斯河和幼发拉底河。这两条河都是古巴比伦的母亲河。"母亲"为美索不达米亚平原带来了肥沃的土壤，由于这个区域（它西起尼罗河下游河谷，经地中海东岸到安纳托利亚高原南部，再沿两河平原转向东南，止于波斯湾）从地图上看起来就像一轮新月，于是就有了一个非常动听的名字，叫"新月沃土"（或"肥沃新月"）。

肥沃的土地给予了古巴比伦人从猎人变成农民的机会。前面我们讲过，作为动物，人类

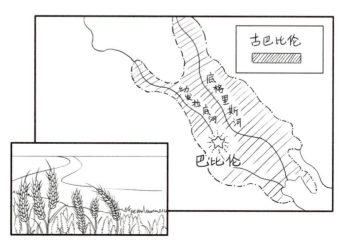

古巴比伦

最原始的生存方式就是狩猎和采集。现如今有些原始的部落仍然沿用这种生存方式，男人打猎，女人采集野果。这样的生活方式最大的缺点是食物来源不稳定，吃了上顿没下顿，而且不适合人多，毕竟周围的猎物和野果数量都是有限的，吃完就没了。

农耕文明就不一样了，靠自己种植农作物和饲养动物，食物来源就稳定了，人口数量随之急剧增加。所以，农耕文明相比于狩猎文明，是一个巨大的进步。古巴比伦和古埃及都跨入了农耕文明时代。

古巴比伦标志性的农作物是小麦。肥沃的土地让野生小麦得到了驯化。古巴比伦成为世界上第一个人工种植小麦的国家。如今小麦已经成了世界三大粮食作物之一。下次去超市的时候你可以留意一下食品的配料表，很多食物都是用小麦（面粉）做的。所以以后你吃面包、蛋糕、面条、大饼、油条的时候，不妨缅怀一下古巴比伦人，是他们丰富了你的味蕾。他们还用小麦来酿造啤酒，这是世界上最早的酒精饮料。

顺便提一下，世界三大粮食作物中的另外两种分别是玉米和水稻。玉米来自美洲中部的印第安人部落；而水稻则是我们中国人的骄傲，目前出土的最早的水稻是在浙江余姚的河姆渡遗址，这也是每个浙江人的骄傲。

到现在为止，丁老师只说了两河流域的其中一面。假如古埃及人和古巴比伦人坐在一起聊天，他们的对话可能是这样的——

古埃及人说："我的母亲叫尼罗河，她性格温婉，人们叫她'月亮的眼泪'。"

古巴比伦人则泪眼婆娑地喝了口啤酒，心酸地说道："我妈和我阿姨脾气都不好……"

古巴比伦的两条母亲河"脾气"确实都不好，平时水量不大，但是泛滥时又洪水滔天，更要命的是，它们的泛滥不像尼罗河那样具有固定的时间，它们的泛滥"随心所欲"。为此，古巴比伦人伤透了脑筋，但从好的方面来看，这也推动了古巴比伦文明的发展。

1. 天文学

古巴比伦人无法通过河流的规律性涨落来确定时间，只能依靠天象的观测。所以，古巴比伦人很早就知道了黄道（地球一年绕太阳转一周，我们从地球上看就是太阳一年在天空中移动一圈，太阳这样移动的路线叫黄道，简单地说就是太阳在星空中所走的路径）。他们把黄道上的星辰划分为12个星座，即一年的12个月，每个星座都按神话中的神或者动物来命名。这就是你所知道的十二星座的由来。

2. 计时方法

对我们影响更大的是他们的计时方法，比如：将圆周分为360度，把1小时分成60分，把1分分为60秒，以7天为1星期。7天1星期是怎么来的呢？古巴比伦人通过观测天象认识了太阳、月亮、金星、木星、水星、火星、土星七大星体，于是以七大星体为一个周期，所以叫作星期。太阳排在第一个，所以每星期的第一天，叫作星期日。不过，中国人在翻译的时候嫌麻烦，仅仅保留了星期日，其他都按数字进行了排序，于是就有了星期一到星期六的叫法。说到这里，一定有同学会想，要是只发现了四五个星体就好了……哈哈，丁老师有时也这么想。

3. 水利工程

旱季水量小的时候古巴比伦人要想办法引水灌溉，满足生活所需；洪水泛滥的时候他们又要开渠引流，保护村庄及农作物等。所以古巴比伦人的水利技术十分先进。

4. 律法

恶劣的环境使古巴比伦人学会了约束和管理。古巴比伦时期伟大的国王汉谟拉比颁布了世界上第一部法典——《汉谟拉比法典》，并刻在黑色的玄武岩石碑上。法典是什么呢？就是人人都要遵守的法律条文。道德与法治课上，老师告诉我们，要做一个守法的小公民，守法最早的例子恐怕就来自古巴比伦。

从两河泛滥对古巴比伦文明发展的推动，我们可以看到，就像环境会影响生物的身体特征和功能（比如极地的动物脂肪很厚，热带雨林的植物叶子巨

《汉谟拉比法典》

大，沙漠的动植物耐饥渴）一样，环境也会对一个文明的发展产生巨大的影响，塑造一个文明特有的个性。

5. 建筑

讲到古巴比伦在建筑上的成就，这就必须要提到古代"世界七大奇迹"之一的"空中花园"。如果说金字塔是古埃及建筑的巅峰，那么"空中花园"便是古巴比伦建筑的招牌。"空中花园"在阿拉伯语中被称为"悬挂的天堂"，因为这个公园采用立体造园方法，建于高高的平台上，种植着各种各样的花草，远远望去就像建在空中的花园，无比壮观。别的不说，光是解决高空中花木灌溉的难题，在当时大概也只有古巴比伦人才能做到。据说"空中花园"是古巴比伦的一位国王为了他思乡的王妃而建造的，后来毁于地震。

古希腊哲学家费罗在评选古代"世界七大奇迹"的时候，把古巴比伦的"空中花园"列为其中之一（其余六个分别是埃及的胡夫金字塔和亚历山大灯塔、希腊的奥林匹亚宙斯神像、土耳其的阿尔忒弥斯神庙和摩索拉斯陵墓、希腊罗德港的太阳神巨像），可见其雄伟。

当然，古巴比伦伟大的建筑并非只有"空中花园"，比如还有另一个大名鼎鼎的建筑——巴别塔，又称通天塔。

璀璨的古巴比伦文明不是我

古巴比伦的"空中花园"

们用简短的几页文字就能介绍完的，也远不止丁老师上文中所提到的这些，比如古巴比伦人还发明了轮子，有世界上最古老文字之一的楔形文字，还流传过古老的史诗和神话等等，其中很多项目对后世文明产生了巨大的影响。有人说，从古巴比伦文明这里，希腊人学到了数学、哲学和物理学，犹太人继承了神学（《圣经·旧约》里关于大洪水的描述就和古巴比伦神话里的描述十分相似），阿拉伯人学会了建筑学。这些，都使我们在回忆古巴比伦文明时，心中充满景仰。

小结

　　这一讲我们讲述了"新月沃土"上崛起的古巴比伦文明。那个拽着小麦进入农耕时代的伟大文明，在幼发拉底河和底格里斯河的肆虐中，顽强生存，取得了巨大的进步，创造了许多项世界第一，对后世文明产生了深远的影响，使我们对它充满景仰。

　　下一讲，我们来说说我们的近邻——古印度文明，也是四大文明中对中国影响最为巨大的文明。

四大文明古国——同“桌”的你

　　说完了非洲的埃及，聊完了亚洲西部的古巴比伦，我们的视线由远及近，聚焦到我们的同“桌”古印度身上。

　　说是同“桌”，是因为两个文明在地理位置上十分接近。古印度在中国的西南面。另外，两个文明的兴起时间也比较相近。

　　但是，古印度文明的“身世”远比我们坎坷，他们的母亲河——印度河虽然为他们带来了肥沃的土壤，孕育了灿烂而独特的文明，却没有为他们构筑地理上的屏障。因而历史上古印度不断受到外族的入侵，包括雅利安人、波斯人、希腊人、斯基泰人、贵霜人、匈奴人、阿拉伯人、莫卧儿人以及英国人等都统治过古印度，古印度文明在历史上无数次被打断。所以，古印度文明和今天的印度并不是同一个概念。古印度文明包括了现在的印度、巴基斯坦、孟加拉国、尼泊尔等，甚至包括了阿富汗南部的部分地区。

　　其实，不单单是古印度文明，古埃及文明和古巴比伦文明也早已在历史的车轮中消散了。古埃及的象形文字被挖掘出来后，居然没有一个埃及人看得懂，最后还是法国人帮他们研究和解读出来。古巴比伦就更不用说了，伊拉克几千年来断断续续的战争，从公元前一直打到当代，地底下还能挖出文物来已经是万幸了。唯有我们中国，因为得天独厚的地理位置（三面有崇山峻岭，另一面则得到海洋的庇护），五千年来中华文明从未断档，得以留存。所以说，埃及早已不是那个古埃及，印度也早已不是那个古印度，唯有中国还是那个中国。说到这里，我们的自豪感油然而生。

　　继续来说说这对同“桌”。

这对同"桌",在历史上相互"抄"过作业。古代中国很慷慨,拿出数学作业本:"这是我新发现的十进位计数法,来,你抄抄。"于是我们的十进位计数法就流入了古印度。古印度也很友好,顺手递过语文作文本,只见上面工工整整写着一行字——"南无阿弥陀佛",作文取名为"佛教":"来,你念念。"

负责去"抄"这篇作文的"同学"名字叫玄奘,他的外号如雷贯耳,唐僧!唐僧的徒弟们是虚构的,但是唐僧,也就是玄奘法师是真实存在的,他十分仰慕印度的宗教文化,于是从印度将600多部佛经带回中国。当时的皇帝十分重视,为了让他能专心译经,特地在长安盖起了大慈恩寺和大雁塔。这里要说明一下,佛教(宗教)其实不能简单理解为迷信,它其中的一部分是古人对人生的思考,对现象的解释和对世界的理解,是很有价值的文化基因。

西行求法的玄奘大师

印度的佛教文化底蕴深厚,一进入中国就占了"宗教一哥"的位置。其实道教才是中国土生土长的宗教,唐僧还没出门,道教的太上老君就已经在炼丹炉里炼丹了。可惜,道教炼丹修仙需要巨大的成本,门槛太高,令中国古代的平民百姓望而却步。而佛教讲究心诚则灵,"南无阿弥陀佛"念上百遍,便能金石为开。所以,现在几乎只有在名山大川处才偶有道观存在,而佛教的寺庙却在中国遍地开花。不仅如此,佛教还由中国顺道传播到了日本、韩国,以及东南亚一些国家,成为世界三大宗教之一。

佛教不仅在思想上影响着中国,更是对中国文字的更新产生了直接的影响。我们今天使用的汉语,历史上曾经几次大规模引进外来语,其中一次就来自佛经,比如"一刹那""大千世界""心心相印""醍醐灌顶""恒河沙数""天花乱坠"等等,它们都是古印度文明的产物。

古印度文明不仅影响了中国,也在很多方面影响着世界,比如数字。

虽说他们的十进位制是向我们学习的,但从整体上来讲,古印度的数学其实是相当发达的，尤其是它的计数系统。你数学课上书写的阿拉伯数字，就是由印度人发明的。那为什么叫阿拉伯数字呢？打个简单的比方：因为阿拉伯和印度这两个同学打架了，印度同学输了，从书包里掉出了一本"数学作业本"，阿拉伯人捡起来一看，哟，这印度数字和计算方法既简单又方便，于是他们干脆以此取代阿拉伯自己的数字系统。再后来它们又被传到了欧洲，经过伟大的意大利数学家斐波那契的整理，发扬光大。大家都以为这是阿拉伯人的发明，所以阿拉伯数字的叫法便沿用至今。

印度数字里最伟大的创造，便是"0"。

数字"0"的诞生

"0"的诞生与佛教有着密切的关系，它代表了"一切皆空"的宗教思想。

"0"产生以后，大家发现，这个数字的作用太大了：在数学中，"0"单独出现代表没有；"0"表示小数和整数的界限；计数时"0"表示空位；以后你还会对它有更多的接触，比如温度有0摄氏度，海拔有0米，记账有0元；"0"可以用来代表数量的分界；"0"还是解析几何中笛卡儿坐标轴上的原点，没有"0"也就没有原点，也就没有了坐标系，数学中的一个大分支"几何学"就会土崩瓦解。

所以说，"0"是极其特殊，也极其重要的一个数字。

关于古印度文明其实有很多的内容可讲，比如：他们伟大的史诗《摩诃婆罗多》和《罗摩衍那》（《罗摩衍那》里法力无边的神猴哈奴曼被认为是孙悟空的原型）；雅利安人提出的"种姓制度"仍在影响着今天的印度；而印度的医学也是十分突出的。

但事实上，历史学家认为印度更多的历史和文化已经很难考证，他们的历史是破碎和不完整的。这是为什么呢？下一讲让我们在中国古代文明里揭晓答案。

世界难题的中国答案

前面讲了三个文明古国，现在轮到我们中国登场了。我们伟大祖国的辉煌历史当然值得我们赞颂千篇，因为中国古代文明创造了很多很多的世界之最。我们的祖先最早种植了水稻和粟，最早记录了哈雷彗星，最早发行了纸币（最早的纸币叫交子），建造了人类历史上最长的建筑——万里长城，开辟了世界上最古老的东西方贸易路线——丝绸之路……而且只有中国延续了古代文明。但是要说古代中国对人类文明发展贡献最大的作品，丁老师认为，非中国古代"四大发明"莫属，它们分别是造纸术、印刷术、指南针和火药。丁老师会用四讲内容来介绍它们。首先你要了解的是，"四大发明"的"大"并不是指发明的难度有多大，它们的制作工艺不一定很复杂，但是它们对人类文明发展产生了巨大的推动力，它们的作用非常"大"。

这一讲我们先来说说造纸术。

造 纸 术

这个主题说来话长。随着大脑的进化，人类对世界的认识越来越丰富，人和人之间需要分享更多的经验。比如古埃及人需要提醒下一代，尼罗河泛滥的征兆是怎样的；古巴比伦农民想告诉别人，小麦可以酿成啤酒，味道醇美，但是喝多会吐；印度厨师要告诉邻居，飞饼怎么做才能酥脆可口；而我们的"诗仙"李白想让大家知道，他在山顶过夜时的心情是"不敢高声语，恐惊天上人"。

这些经验多么宝贵，为了这些信息能被准确传递，人类发明了两套系统，分别是语言和文字（包括图画），这是人类文明的巨大飞跃。

语言系统实现了口口相传，古代的很多神话传说就是用口述或者歌谣的形式保存下来的，直到今天在课堂上，老师们仍然通过语言在传递着知识。

文字（图画）系统所传递的信息则更为精准。但是问题也接踵而来：该用什么材料来记载文字（图画）呢？

1. 造纸术前的世界答案

古人们想到了石头。

说到石头，不得不提的是西班牙阿尔塔米拉洞穴的壁画。1879年，一位名叫桑图奥拉的西班牙业余考古学家，领着他的女儿探索一个洞穴，意外发现一幅巨大的壁画，上面画着一群西伯利亚野牛，以及马、鹿、野猪等动物形象。经过考古验证，那居然是约12000年前，还处于旧石器时代的古人类画的。这个壁画震惊了世界。人们一方面因古人类居然有如此智慧绘制出这么精美的图案而震惊，另一方面又感慨石壁居然能记录如此宝贵的人类财富。

其实，绝大多数的古代文明都有把图画和文字刻录在石头上的记录，比如我们国家的艺术宝库——三大石窟，即莫高窟、云冈石窟、龙门石窟，以及名山大川的岩石上经常可见的名人诗词等。这些记录可以流传非常久远的时间，而且不畏风霜雨雪。但是它们的缺点也很明显：它们实在是太笨重了，不方便携带和移动。怎么办？

古老的文明都给出过自己的答案。

古巴比伦人用的是泥板。他们用软泥作书写材料，用芦苇秆在上面刻字，晒干保存，长久耐用，如刻着楔形文字的泥板。被认为是人类历史上第一部史诗的《吉尔伽美什史诗》被发现时就被刻在泥板上。但是，泥板同样很笨重。

古印度人用的是树叶——贝多罗叶。他们的佛经就写在树叶上，就叫贝叶经（或贝叶书），玄奘法师取回来的佛经就是这种贝叶经。这种材料在潮湿的地方容易烂，在干燥的地方又容易碎，极难保存。所以有人说印度人对自己的古代历史并不是很了解，因为记录着过去的叶子很多都碎了，那一部分历史只能靠传说来构成。

古埃及人在尼罗河边发现了纸莎草，并将之加工成了莎草纸。现在仍有部分莎草纸被挖掘出土，上面记载的内容成为人们研究古埃及的重要文献。莎草纸很轻便，但是它的原料只产于尼罗河边，并且它容易受潮长霉菌，这在干燥的埃及不是问题，但是传到潮湿的欧洲等地方后，后果就变得很严重。

于是，古希腊人就用羊皮纸作书写材料。但是一张羊皮纸的处理，要经历几个月的时间。据说，之前有人试着用羊皮做 A4 大小的羊皮纸，成本居然要100多元人民币一张。这就注定了羊皮纸无法普及。

你会发现，每个文明都在寻找能书写的材料，可见书写材料的重要性。他们找到的材料也往往和他们的自然环境有着很大的关联。但很显然，他们都没有找到满意的答案。

造纸术前的世界答案

2. 中国文明的答案

古代中国一直孜孜不倦地在寻找这个世界难题的答案，而且我们的答案很多元化。比较有名的是以下几份答卷。

1号答卷：把字刻在龟甲和动物骨头上，所以中国目前已知的最早的文字就叫甲骨文。但这一材料显然无法普及。试想一下，今天语文老师布置写作文，你一到家不是先列文章大纲，而是去池塘或河里逮乌龟，一篇短文就要逮十来只乌龟，先不说费时费力，光一个学期下来你们家周边池塘或河里的乌龟就该绝迹了。所以这材料虽然酷炫，但肯定没法推广，当时大概也就是祭祀活动等用一下。

同一时期，还流行将文字刻在青铜器上，上面的文字叫作"金文"，又称"铭文"。

2号答卷：人们想到了把字写在竹片或木片上，用绳子穿起来成"册"，就成了竹简或木简。你可以翻看一下自己的课本，上面就标注着"上册"或"下册"，这个"册"字就来自竹、木简。竹、木简的材料来源很丰富，但成册的书还是太重。据说曾经有个叫东方朔的大文豪给汉武帝写了一份奏章，洋洋洒洒写了170斤，用了三千根竹简，两个壮汉扛进宫里，汉武帝读了两个月，眼泪都快下来了。

3号答卷：我国人民自古养蚕缫丝，就有了绫罗绸缎丝帛锦绢绮等丝织品，其中的绢帛就曾被拿来当书写材料。这可是好东西，光滑柔软，携带轻便，读完卷起来便于收藏，"读书破万卷"中的"卷"，就是人们用绢帛作书写材料时传下来的叫法。直到今天仍有一些书法、绘画作品用绢帛作材料。

但是，绢帛的昂贵堪比羊皮纸，据说在汉代，1匹绢帛可以换720斤大米。连孔子都说"贫不及素"，这里的"素"就是指绢帛。

纵观中外，书写材料不是太过笨重就是太昂贵以致不能普及。

龙亭侯蔡伦

所以，纸的出现才弥足珍贵。我国西汉时期纸就已经出现了。直到东汉时期，一位名叫蔡伦的宦官做出了巨大的贡献，他改良了造纸技术，用树皮、破布和渔网这些"垃圾废料"作为原材料，套用一个广告词，该技术造纸"价格便宜量又足"，彻底解决了这一世界性难题。蔡伦也因为造纸有功，被封为龙亭侯（侯是古代的一种爵位），所以当时的纸也被称为蔡侯纸。

如今的造纸工艺十分先进，丁老师的家乡就有一家现代化的造纸厂，那里有一台台巨大的造纸机，在一端放入原材料，另一端就直接能产出烘干后的纸张来。但丁老师仍然能从整个流程中，看到蔡伦造纸术的影子。不得不说，这是中国古代文明了不起的地方。

经蔡伦改良后的造纸术，后来还传到了朝鲜、越南和日本。再后来，大唐帝国和阿拉伯人打了一仗，结果战败，被阿拉伯人俘虏的士兵里有很多的造纸工匠，于是造纸术就传到了阿拉伯，通过阿拉伯又传入了欧洲并在那里得到了迅速的普及。直到今天，纸仍是世界上最重要的书写材料。

小结

我们把"四大发明"作为中国古代文明的名片，来逐一介绍。人类把语言和文字系统作为信息传递的主要方式，这决定了书写材料的重要性。所有文明都在攻克记录图文的书写材料这一世界难题，并各自给出过自己的答案，从石头、泥板、树叶、羊皮、龟甲，到竹简、绢帛，但是这些材料不是笨重就是昂贵，唯有纸张"价格便宜量又足"，成为最佳答案，蔡伦先生也因此流芳百世。

当然，现在纸张因为价格低廉、用途广泛，已经普遍应用在我们的生活、学习和工作中。但是造纸本身会消耗大量木材，对环境造成影响，所以我们要提倡节约用纸。

东方不亮西方亮

现如今，很多地方开展了读书月活动。丁老师学校今年的读书月口号是"左手春天，右手书卷"。阅读使我们的心灵如沐春光。我们一直在强调阅读的重要性，可是你知道吗？阅读在人类历史的很长一段时间里，都是一件"奢侈"的事情。随心所欲地阅读，在过去是一件不可想象的事，因为在人类历史上，书籍一直属于贵重的物品，称它为"奢侈品"也毫不为过。

有多贵重？举两个例子。第一个例子，被称为"改变人类宇宙观的伟人"的波兰天文学家、数学家哥白尼，他过世的时候，人们去整理他的遗物，发现里面一共只有40多本书。相信我们很多同学家中书架上的书数量都远不止这个数，但那可是一位当时全欧洲顶尖科学家的藏书量。

另一个例子，世界最古老图书馆之一的亚历山大图书馆，拥有藏书70万卷，主要就是羊皮书和莎草书。听起来数量很惊人，但你知道这些书是怎么来的吗？他们的国王求"书"若渴，定下规矩，想要在繁荣的亚历山大城做生意的船只，就要交税，这个税不是钱，而是捐两本书。更夸张的是，如果看到船上有珍贵的典籍，他们甚至会扣留你的船只，直到这些典籍被抄录完毕才放行。可以说他们是倾全国之力，办起了这个图书馆。这一方面说明他们对知识的渴望，另一方面说明书籍太珍贵了。换作今天，跑一趟新华书店，里面的书可以说应有尽有。

为什么贵重呢？一方面如上一讲所说，材料太贵重，欧洲的羊皮纸和中国的绢帛不是谁都能用得起的。另一方面就是传播成本很高，因为早期书都是手工抄写出来的，为了一本好书，中国的书生要抄上3～4个月，用的工具还是毛笔，那个艰难无以言表。因此书籍成为稀罕物就不足为奇了。

印 刷 术

书籍如果不普及，就意味着整个社会的知识水平很难提升。

这时候有人想了：如果有快速复制文字的办法就太好了，怎么来复制文字呢？中国人首先想到了老祖宗的两门手艺——碑拓和篆刻。

碑拓

中国的文人墨客在游览名山大川或是兴致高昂的时候，喜欢把诗词和书法留在石碑上，希望流芳百世。有些人喜欢这些作品，可是又不能把石碑扛回家，于是碑拓技术就产生了。碑拓就是将石碑均匀地涂上墨水，把纸平铺贴在石碑上，再慢慢揭下来。由于石碑上刻字的部分没有沾墨水，就保留下了字的痕迹。丁老师小时候喜欢临摹颜真卿的颜体，用的字帖就是从颜勤礼碑上碑拓下来再印刷出来的。所以，当丁老师在西安的碑林第一次目睹颜勤礼碑的真迹时，激动得不得了。

听起来碑拓似乎很高大上，其实你小时候没准就玩过。比如，把纸盖在硬币上，用铅笔涂抹，纸上就会留下硬币上的图案。又如小学三年级的科学课上去画树干的拓片，这些拓印的方法都与碑拓有着相近的原理。

篆刻

篆刻就是用刀，在石头、木头、玉等材料上，刻出文字或图案。很多书法、绘画作品会盖上作者的印章，那印章就是篆刻出来的。（作品中的印章越多，往往意味着它被越多的人收藏过，价值也更高。）

篆刻进行时

把碑拓和篆刻组合在一起，就诞生了一门新技术。

雕版印刷术

这门新技术的流程是这样的：将一篇文章用反手字（与正常文字成镜面对称的文字）刻在木板上（篆刻技术）；在木板上刷墨，凸起的字受墨后，将文章印到纸上（碑拓技术）。用这种方法便可以把一篇文章或一本书印成完全一样的许多份。因为要先在木板上雕刻，所以该技术被称为雕版印刷术。这门技术一诞生，作用就马上得到了发挥，大量的农书、医书、历书、字帖流传开来。雕版印刷术的巅峰代表，是一部宋朝雕版印刷的佛经《大藏经》，用了13万块雕版，花费了12年时间才完成，被认为是世界印刷史上规模最浩大的工程之一。

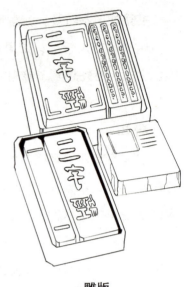

雕版

不知道你发现没有，雕版印刷术虽然相比于手抄先进了很多，但是它的缺点也很明显：每一部书都要重新刻版，像《大藏经》这样的大书光刻版就要花上数年时间，而且版面中一旦出现错误，整块雕版就报废了。

故事发展到这里，我们这一讲的男主人公就要登场了，他就是毕昇，一名刻字工人，用时下的流行说法，他就是一位"民科"（民间科学家），一位非常会动脑筋的"民科"。他不仅发现了雕版印刷术的缺点，更重要的是，他还想出了解决的方案：把雕版升级为活字版，简单地说，就是把原来雕刻整块木板的方法，变为自由组合的拼接法。

活字印刷术

你应该对积木不陌生吧，按一定的规则，将一块一块的积木，严丝合缝地拼合在一起，就能组合成一个大的场景。活字印刷类似于拼积木：事先用胶泥刻出规格统一的单字，用火烧硬，称为胶泥活字；排版时，按文章所需挑出胶泥活字，固定在带框的铁板上，板上提前敷上由松脂、纸灰、蜡混合而成的药剂，活字往上一放，用火一烧，用板一压，待到冷却凝固，一块板就制成了。这比刻字简单了许多，并且，万一中间有错字，换一个就行。最厉害的是，用完后拿火一烤，活字脱落，以后还能重新使用，真是绿色环保循环利用。至此，胶泥活字印刷术横空出世。

但是，有一个可能会令你感到意外的事实是，活字印刷术在中国并没有流行起来。即使在活字印刷术发明之后，中国历史上绝大多数的古书都是雕版印刷而成的，真正活字印刷的书可能不到百分之一。

这是为什么呢？最主要的原因就是，中国汉字的数量实在是太庞大了。2013年我国教育部、国家语言文字工作委员会组织制定的《通用规范汉字表》实收录汉字8105个，其中常用汉字有3500个。而在古代，汉字的数量更多，例如《康熙字典》就收录汉字47035个。我们都知道，现在用的是简化字，简化字不仅仅简化了笔画，有些字还被合并起来，比如"发射"的"发"繁体字为"發"，"头发"的"发"繁体字为"髮"，后来就通用一个"发"字。当然它们各自的读音被保留了下来，这也是多音字产生的原因之一。总之，以前的汉字太多了，活字印刷起码要准备上万个的胶泥活字，数量太过庞大。而且排版的时候要从那么多的胶泥活字中挑选出所需的字来，更是一个巨大的工程。

雕版印刷术虽然有明显的缺陷，但是对于汉字印刷来说仍然是最实用的，使用最久的。

直到活字印刷术出现在欧洲，它对传播文明的价值终于被释放了。为什么呢？因为欧洲的文字大多是由字母组成的，以英文为例，无论什么单词，终归是主要由26个字母中的若干个组成的。排版时，只要从26个字母中进行挑选，效率是相当高的，排版的时间大大缩短，印刷的成本大大降低。由此，原来昂贵的书籍开始进入寻常百姓家，广泛的阅读成为一种可能，整个欧洲的文明水平突飞猛进。在这个过程中，活字印刷术，功不可没。

当然，有一个争议你还是应该知道。欧洲最早兴起的活字印刷术是金属活字印刷术，它用的不是胶泥活字，而是金属活字。德国人约翰内斯·古腾堡被视为金属活字印刷术的发明者。但是更多的学者认为，他是受了毕昇的活字印刷术的启迪才做出的发明，毕昇才是世界活字印刷的第一人。

小结

受益于碑拓技术和篆刻技术，中国人很早就发明了雕版印刷术。"民科"毕昇对雕版印刷术进行了改良，创造了胶泥活字印刷术，这项技术虽然没有在中国大展身手，却在欧洲大放异彩，成了推动人类文明进步的法宝。

接下来丁老师会介绍一个法宝，它在中国发芽，在欧洲开花结果，那是啥呢？下讲见分晓。

"保健品商人"的大贡献

随着生活水平的提高，人类越来越重视身体的健康，有人通过体育锻炼来强健自己的体魄，有人通过规律的作息来调节自己的生活节奏，也有人通过健康的饮食来均衡自己的营养。这些都是健康的生活方式。

当然，也有人喜欢服用保健品。在电视、商场、公交车里，甚至在路旁的广告牌上，到处能看到保健品的广告。市场竞争很激烈，于是商家们就在广告词里做文章，拼命往自己产品的"脸"上贴金，有的说能让你吃得香睡得甜；有的说能让你由内而外年轻态；还有的说帮你全面提高体力、智力、免疫力；甚至有号称能治绝症的，恨不得说自己能包治百病。

不过，要说吹牛的水平，还是保健品商人的"老祖宗"们更胜一筹，他们声称自己卖的是"长生不老药"！

这些"老祖宗"们针对的客户主要就是皇帝，帝王们享尽荣华富贵之余，最担心的便是生命的终止，于是千方百计想找到能让人长生不老的丹药。比如我们的秦始皇就曾经派徐福带着一帮小孩去找"长生不老药"，而炼丹术士们就是在历代皇帝的支持下繁荣了他们的炼丹术事业。

因为有皇家的支持，考虑到炼制的又是极为特殊的产品，炼丹术士们所选用的材料范围很广，开始用的是名贵的中草药，后来把黄金、白银等矿物也加进去，再后来甚至把更多特殊的矿物也放进去。

只能说炼丹术士和皇帝都很勇敢。前者脑洞很大，什么东西都敢混在一起；后者无畏，这药居然都敢吃。别说没吃出过事，其实很多皇帝都是受害者。比如有一种叫作丹砂的矿物，色彩艳丽，在烧制过程中变化神奇，被视为炼制丹药的珍贵材料，其实它的主要成分是汞（俗称水银）的硫化物。同学们都知道汞是有毒的。很多皇帝花大价钱服用了大量昂贵的丹药，想要延年益寿，结果反而慢性中毒，年纪轻轻就一命呜呼。

火　药

　　但是，炼丹术士们也有意外的收获。当他们把硝石、木炭和硫黄混合在一起加热的时候，炼丹炉内烧出一堆黑乎乎的东西，整个过程中产生了巨大的热量，同时伴随着滚滚的浓烟。学过小学科学六年级下册的同学肯定想到了，这是物质发生了化学反应，产生了新的物质，同时伴随着发光、发热等现象。但是这可把炼丹术士们吓坏了，眼瞅着炼丹房都被点着了，这药的火气可真够大的，干脆就叫"火药"吧！黑火药就这么诞生了。它的诞生，确实是一个很偶然的事件。同时，人们对黑火药燃烧所伴随的现象感到震惊：太刺激了！于是人们干脆就把它做成了烟花爆竹用在节假日的庆典上，来渲染节日气氛。

　　难怪鲁迅先生对火药有过一段评论，说"外国用火药制造子弹御敌，中国却用它做爆竹敬神"。但这话也只是说对了一半。古代中国在战争中使用火药也是很早且很普遍的。一开始的火药武器都是名副其实的"火器"，主要目的就是在敌方阵地制造大火。古代的火箭、火炮就是将带有火药的火球抛向敌方的"火器"。虽然后来也有改良版的"火器"，但是总体来说，黑火药的威力不是很大。

火药的诞生和发展

随后，黑火药通过阿拉伯人的传播被带入了欧洲。经过几位科学家改良后的火药，对整个欧洲甚至世界的历史都产生了重大的影响。

当然，这个过程其实挺漫长。黑火药传入欧洲后，欧洲发生了文艺复兴运动，欧洲的艺术和科学得到了巨大的进步。他们开始用科学的方法来分析黑火药的成分，研究硝石、木炭和硫黄在燃烧和爆炸中所起的不同作用，寻找三种材料的最佳搭配比例，最后他们发现将70%～80%的硝石、10%多一点的硫黄和10%多一点的木炭混合后的火药威力是最大的。随后他们研发的火药武器成了战场上的主宰，从前战场上的王者——骑士，逐渐退出了历史舞台。

随后，火药进一步升级。前面已经提到，黑火药的威力主要来自它的燃烧性，以及它燃烧后所引发的大火。后期的黑火药也有一定的爆炸性，但总体来说属于低爆速火药，爆炸性较弱。而现代火药的威力恰恰在一定程度上取决于它的爆炸性。这是现代火药和黑火药的最大区别，也是"炸药"这个名字的由来。现代火药一般黄色的结晶体，因此也被称为黄火药。

现代火药的发展史上，有两个人的名字你需要知道。一个是意大利化学家索布雷洛，他研制出了一种名为硝化甘油的烈性液体炸药，威力惊人，轻微晃动就会剧烈爆炸，极不安全。

第二个名字便是阿尔弗雷德·贝恩哈德·诺贝尔，他对炸药发明的贡献用一句话概括便是，他发明了安全的烈性炸药。当然，这个过程很坎坷。在研制的过程中，他的父亲被炸成了残疾，他的弟弟甚至在炸药工厂的爆炸中失去了生命。但是，诺贝尔没有停下钻研的脚步，他对炸药进行了改良，把硝化甘油与硅藻土之类的惰性吸收剂混合在一起，制成了非常稳定的烈性炸药。同时，他还改良了导火索，以他自己发明的雷管取而代之，进一步提高了炸药的稳定性和爆破威力。安全炸药的发明令他声名大振，同时也让他拥有了巨额的财富。

当然，诺贝尔的伟大，不止于此。1895年，也就是他去世的前一年，他立下遗嘱，将他的大部分遗产作为基金，把每年的利息分成5份，设立诺贝尔奖，包括物理学奖、化学奖、生理学或医学奖、文学奖、和平奖5项（1969年又增设了经济学奖），授予世界各国在这些领域对人类做出重大贡献的人。直至今日，诺贝尔奖已经成为世界上影响力最大的奖项之一。人们为了纪念诺贝尔，还把人造元素锘（Nobelium）以诺贝尔命名。

下面来说说火药的意义，它给人类带来的影响实在是太大了。还记得我们讲人类进化史时，说到过火对人类的意义吗？火是人类掌握的第一种自然力量，掌握了这种力量，人类从动物中脱颖而出。而火药可以看成是火焰力量的升级版，不仅能驱散其他动物，甚至让我们拥有了瞬间改变地球地形地貌的力量，这在古人眼里，是神才拥有的力量。

事实确实如此，火药的用途太广了。无论是开采矿石时的矿山爆破，开山修路打通隧道，还是大型建筑拆迁时的定向爆破，都有它的功劳。

另外，炸药还成了战争的工具，现在的很多军事器械中都有它的身影。炸药也因此夺去了无数人的生命，这是不争的事实。连诺贝尔都因自己的发明被用于战争而痛心疾首。当然，错不在于炸药本身，而在于那些滥用炸药的人。

爆破现场

小结

古代"保健品商人"炼丹术士在炼丹过程中，无意间催生出一项重大的发明——火药。通过阿拉伯人的传播，以及索布雷洛和诺贝尔等科学家的不懈努力，火药成了推动人类文明发展的重要工具。它是人类在学会用火之后掌握的又一项"超能力"。

最后，再补充一个小知识：炼丹术士们的贡献，可不只是火药，我们所吃的豆腐，也是炼丹的副产品。

参考《万物简史》栏目听众的意见，下一讲丁老师将在"四大发明"内容中插入一讲关于诺贝尔和诺贝尔奖的故事。

诺贝尔和诺贝尔奖

在上一讲里，我们顺着火药提到了诺贝尔，那么这一讲，我们就来聊聊"炸药大王"诺贝尔和号称"科学界第一大奖"的诺贝尔奖。

诺　贝　尔

阿尔弗雷德·贝恩哈德·诺贝尔（文中以"诺贝尔"称，以区别他的父亲伊曼纽尔·诺贝尔），1833年出生于瑞典首都斯德哥尔摩。斯德哥尔摩是一座非常漂亮的城市，左拥梅拉伦湖，右抱波罗的海，整个市区就是由14座岛屿和一个半岛组成的，70余座桥梁将这些岛屿联为一体，因此享有"北方威尼斯"的美誉（威尼斯是意大利著名的水城）。诺贝尔一直为斯德哥尔摩的自然美景所自豪。而在近200年后的今天，斯德哥尔摩以诺贝尔为荣。人们在介绍斯德哥尔摩的时候，一定会补上一句，这是阿尔弗雷德·贝恩哈德·诺贝尔先生的故乡。

诺贝尔的父亲——伊曼纽尔·诺贝尔，是个对发明兴趣极浓的人，他对诺贝尔的一生产生了巨大的影响。当时欧洲计划打通苏伊士运河。伊曼纽尔就想发明一种炸药，使运河、隧道和筑路的工程变得简单。但是，据说他在一次研究的时候不仅把自家院子给炸了，还被邻居当作危险分子给告了，结果受到了瑞典政府的禁令——禁止他再搞实验。但是，伊曼纽尔没有放弃梦想，他孤身一人去了俄国，开办了制造水雷的工厂。当时的俄国可是打败过拿破仑的大帝国，尼古拉皇帝（尼古拉一世）又酷爱发动战争，所以伊曼纽尔生产的精良装备在那里很受欢迎，他的工厂也经营得很好。于是，他们全家就搬到了俄国，9岁的诺贝尔就在俄国的彼得堡定居了。有人说诺贝尔只上过一年小学，不要惊讶，那是因为当时俄国的教育体系不够完善，他爸爸请了家庭教师在家教他和他的兄弟。事实上，诺贝尔得到了非常良好的教育，加上诺贝尔天资聪慧，所以他会六个国家的语言。

但是后来，尼古拉皇帝战败，诺贝尔父亲的工厂破产。为了挽回家族的事业，诺贝尔开始了对硝化甘油（又译成硝酸甘油）的深入研究。

前面我们已经讲过，硝化甘油是意大利化学家索布雷洛的发明，这是一种液体炸药，威力巨大但极不稳定，受到同样的刺激，有时会爆炸，有时却毫无反应。索布雷洛曾在研究中受了重伤，放弃了继续对硝化甘油的开发。

这项成果到了诺贝尔手中后，诺贝尔对其视若珍宝，后来他关于爆炸物的所有重要发明都以这一物质为基础。他顺利解决了硝化甘油的引爆问题，硝化甘油炸药自此问世，利用这种炸药进行矿山爆破，威力惊人。

诺贝尔特别令人崇敬的是他对科学研究的态度，在他眼中，所有的发明都是"半成品"，都需要他进一步的改良，这种永无止境的探索精神确实是科学精神的精髓。在成功研发了硝化甘油炸药之后，为了提高安全性，他又发明了达纳炸药（就是用硝化甘油和硅藻土等惰性吸收剂混合而成的炸药，这种炸药成为以后几乎所有化学炸药工业的基础，"达纳"在希腊语中是"力量"的意思），还有胶质炸药和硝化甘油混合无烟火药等。当然这其中他和他的家人付出了巨大的代价，他的父亲被炸成残废，他的弟弟甚至死于硝化甘油的爆炸中。但是这一切都没有阻止诺贝尔探索的脚步。

而诺贝尔的发明列表里，也远不止火药这个系列。他研究的范围涉及电化学、生物学、医学、生理学等领域，取得发明专利的就有355项之多，令人惊叹。这些发明专利和炸药工厂为他累积了大量的财富。在他去世的时候，他所捐赠的遗产总计3100万瑞典克朗，占当时瑞典GDP的17%，折算成现在的人民币约2.7万亿元。什么概念呢？我们来做个参考：2019年位于福布斯中国富豪榜榜首的马云，当时该榜公布的他的资产大概是2701.1亿元。诺贝尔立嘱用这笔钱，设立了诺贝尔奖。诺贝尔为什么要捐出巨款呢？一方面是因为他终身未婚，没有后代。另一方面是因为在研发炸药的过程中，他亲弟弟被炸死，父亲被炸成残废，而他卖出的炸药大多都用于战争，所以他晚年很忌讳"炸药大王"这个称号，想通过投资科学的方式，让这笔钱重新造福人类。

诺 贝 尔 奖

诺贝尔设立的奖项都是他从自身经历出发，认为是十分重要的项目。比如：物理和化学是他所擅长并赖以成名的领域；文学是他的爱好，他喜欢写诗，也写过剧本；生理学或医学奖的设立应该与他羸弱的体质有关，他希望更多的人能享有更好的医护；和平奖的设立让我们看到了他人生的终极目标。当然，还有一个经济学奖是后人另外加上去的，与诺贝尔的遗嘱无关。也有人一直在疑惑，为什么没有诺贝尔数学奖（毕竟数学是科学的灵魂，现代科学的发展完全离不开数学这个工具）。那主要是因为，当时的化学还处于初始阶段，身为化学家的诺贝尔在研究和实践中，都没有用到高等数学这些工具，更没有意识到数学对于科学的影响力。

通过前面提到的诺贝尔的遗产，你就能从金额上感受到这个奖项的分量。

诺贝尔奖之所以成为这么有影响力的奖项，要感谢瑞典以举国之力对它的支持。它的具体流程是这样的。先由瑞典皇家科学院（负责物理学奖、化学奖和经济学奖）、斯德哥尔摩的卡罗林斯卡医学院（负责生理学或医学奖）、瑞典文学院（负责文学奖）和挪威议会（负责和平奖，挪威曾为瑞典属国）选出当年的获奖人。然后，如果你是获奖人，在颁奖典礼的一个月前，他们会打电话通知并给你预订机票，提供的还是头等舱最贵的机票（如果你想带家人一起过去，私下买好的机票他们也会免费帮你升级到头等舱）。到了斯德哥尔摩，整整一周时间里，你会有专车和司机以及陪同

诺贝尔

人员一路随行。等到颁奖那天的晚宴上，更是瑞典皇室的全体成员都会出席，国王、王后、王子、公主陪你跳舞聊天。第二天，你就可以领取奖金。现在每个奖项的资金大概是900万瑞典克朗，折合成人民币是647万元左右（2019年10月的数据），你想如何提取都行，而且这笔收入是可以免税的。在这一周里，瑞典全国的网络、电视和报纸铺天盖地都是关于获奖者的新闻。

从流程上，你同样可以看到这个奖项的分量。

另外，还要感谢诺贝尔基金会在这100多年的时间里，妥善使用着这笔巨款。通过瑞典政府的帮助和沟通，他们获得了在世界上很多国家投资时免税的待遇，使得诺贝尔奖的奖金在百余年的历史中不但没有缩水，还一直保持在一个可观的数量级上。毕竟，如果只是按照当年诺贝尔的遗愿，简单发放基金利息的话，诺贝尔奖的金额和影响力怕是会减小不少。

最后，我们还能从获奖者的名单里，看到这个奖项的分量。从德国科学家伦琴因发现X射线而成为第一位诺贝尔奖得主开始，获此殊荣的已超过900人，爱因斯坦、普朗克、赫兹、居里夫妇、杨振宁、巴甫洛夫等很多大师都名列其中，这是对获奖者贡献的极大肯定，同时，这些科学巨匠又反过来增加了诺贝尔奖的含金量。

遗憾的是，诺贝尔奖的中国籍获得者人数较少，如2012年文学奖获得者莫言和2015年生理学或医学奖获得者屠呦呦。虽然历史上还有杨振宁、李政道、丁肇中等海外华人获得过诺贝尔奖，但总体上华人获奖者数量还是相当少的。当然，我们相信，未来中国会涌现出更多的诺贝尔奖获得者，说不定其中就有正在阅读《献给好奇的耳朵》的你哦。

莫言和屠呦呦

小结

　　这一讲，我们从诺贝尔的出生背景讲起，了解了他的出生地、父亲，以及那门祖传的手艺——制造炸药。他是一个伟大的发明家，一生拥有355项发明专利，尤其在炸药方面的专利和生产让他获得了巨额的财富，但他通过自己的遗嘱，把他的财富以诺贝尔奖的形式奉献给了全人类。在诺贝尔基金会和相关机构的共同努力下，如今诺贝尔奖被视为科学界最具影响力的奖项，人们把它当作一种特殊的荣誉而备受鼓舞。

　　感谢诺贝尔！

指路神"针"

在造纸术、印刷术和火药陆续登场之后，现在终于轮到指南针出场了。指南针的作用是什么呢？它就相当于现在的导航技术。更简单地说，那就是它能帮助人们准确找到方向。这事情有多重要呢？先给你讲个神话故事。

话说远古时代，炎帝（神农氏）和蚩尤相互看对方不顺眼，就打了起来，双方势均力敌。蚩尤号称上古战神，特别勇猛，更厉害的是，他使出了吞云吐雾的法术，炎帝率领的士兵一进战场就在大雾中迷失了方向，损失惨重。炎帝赶忙去搬救兵，请的是另一个部落的大首领黄帝（轩辕氏），于是黄帝就驾着车来了（黄帝有车可不要觉得奇怪，因为传说中就是黄帝最早发明了车，横木为轩，直木为辕，所以，黄帝就被称为轩辕氏）。

话说黄帝这次开来的车乃是宝物，只见车上头立着一个小人，不管如何颠簸和转向，小人的手始终指向南方。依靠着指南车的指引，黄帝的军队在大雾中认清了方向，最后把蚩尤打得落花流水。再后来，黄帝平定中原，成为汉族的祖先，这也是"炎黄子孙"一词的由来。

这当然只是一个神话，但也说明

蚩尤VS炎帝

了我们的祖先在生产、生活以及战争中，迫切需要能够指示方向的工具。

大自然中，有没有什么东西能帮助我们辨认方向呢？有，而且很多。还记得小学二年级语文课上学的那篇课文吗？《要是你在野外迷了路》，千万别慌张。太阳是你的向导；北极星是你的指路灯；大树可以给你帮忙；积雪也会给你指点方向。

其实还有很多书本里没有提到的方法，比如树的年轮、蚁穴洞口的方向、北斗七星等等。为什么这些物体能够帮你辨认方向呢？因为它们的指向都有一个固定的规律。比如：上、下午的太阳分别位于东、西两个方向；北半球大树的枝叶都是南密北疏，树的年轮都是南疏北密，南半球则反之；而北极星会挂在北方的星空中，基本不移动……因为它们的指引，我们在迷路的时候便有了"助手"。但是，它们的缺点也十分明显，在茫茫的大海上、在一望无际的沙漠中，一旦遇到阴雨天气，人们就会手足无措。也就是说，这些方法都有局限性，无法真正实现持续性导航。

树的年轮

找到现有工具和方法的缺点，不断改良，甚至发明出一种新的工具，这是人类了不起的地方。前面我们讲诺贝尔的时候就已经了解，这就是精益求精的科学精神。

磁铁矿在中国分布比较广泛。而古代中国人发现的，正是磁石。在劳动过程中，他们发现，如果把磁石加工成一定的形状，让它可以灵活转动，那么静止时，它会指向一个固定的方向。

北斗七星

这个原理对于现在的我们来说，很容易理解，因为地球本身就是一块大磁铁，磁石会和它发生同极相斥、异极相吸的现象。而对于古人来说，这个发现太令人激动了。据史书记载，他们把磁石做成了汤勺的形状，放在一个光滑的圆底上，静止时那根长长的勺柄会指向南方，这就是传说中的司南。司南被认为是最早期的指南针。后来它甚至成了"四大发明"中指南针的代名词，宣传指南针的时候往往都会附上司南的图片。

丁老师为什么要用"传说中的司南"这个说法呢？那是因为：司南只是被记录在古籍之中，并没有古代的实物留存下来；而现代人根据古籍的记载，用天然磁石重新制作的司南，始终无法灵活指南。所以，科学家对于司南的具体样子和实用性还有争议。但无可争辩的是，一个用"磁"导航的时代开启了，以前都是用某个物体来导航，现在是用整个"地球妈妈"来导航，稳定性提高了，人们终于借助物体实现了持续性导航。

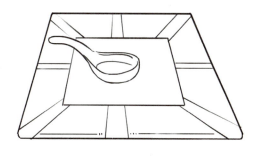

传说中的司南

补充一点，用"磁"导航对人类来说，是一个巨大的发现，但是在动物界，那可是众"鸽"皆知的秘密。有研究表明，鸽子的眼周围和上喙的鼻孔里都有类似于磁铁矿的微小晶胞，利用这些晶胞，鸽子就可以感受到地球的磁场，并通过神经系统将讯息传递给大脑，这就是鸽子的天然指南针。比鸽子更牛的是北极燕鸥，这个身材娇小的"旅行达人"，每年都要在南极和北极之间来回飞一趟，没有超强的导航能力是不可能实现的。

起点

终点

鸽子的"天然指南针"

司南之后，我们的祖先又进一步探索了性能更稳定、携带更方便的磁性指向工具。北宋科学家沈括，写过一本非常有名的书叫《梦溪笔谈》，里面系统地介绍了指南针的制造技术：先将天然磁石打磨成小磁针；然后用不同方法把小磁针装配起来，通常用到的方法有以下四种。

1. "水浮" 法

将磁针穿上几根灯芯草，浮在水面，就可以指示方向。指南鱼就是用了这种方法，木制的鱼身体里藏了磁铁，在水中可以自由转动指示方向。

2. 指爪法

把磁针搁在手指甲上，由于指甲表面光滑，磁针可以在上面旋转自如，指示方向。这个方法的缺点是磁针很容易掉落。后来由此改进发明了指南龟，木刻的小乌龟体内藏了磁铁，将它放在很尖的竹签上，它便能灵活转动指示方向。

3. 碗唇法

将磁针搁在碗口边缘，磁针可以旋转，指示方向。

4. 缕悬法

在磁针中部涂一些蜡，粘一根蚕丝，挂在没有风的地方，就可以指示方向了。

丁老师说的这些内容，你是不是感觉很熟悉呢？没错，在小学三年级科学课上，我们就自制过指南针，上面提到的方法有些同学可能还都尝试过。这些方法对现在的我们来说都不算稀奇，但是对我们的祖先来说，却是重大的发明，它们是后来所有指南技术的基础。

由于指南针的发明，中国古代的航海事业得以迅速发展，最有代表性的当然就是明朝的郑和下西洋。郑和带领200多艘船的大舰队七下西洋，船员达到两万多人。后来举世闻名的大航海家哥伦布横渡大西洋时，仅有3艘船和88名船员，与此舰队的规模相去甚远。可见当时我们的航海水平在世界上是遥遥领先的，这其中，指南针的应用功不可没。

后来，指南针通过阿拉伯人传到了欧洲，为欧洲的大航海时代的到来，打下了坚实的基础。

而今天，我们已经很少用到上面所说的用磁针做的指南针了。取而代之的是电子指南针，它装在我们的手机里，使用非常便捷。而更多时候我们使用的是全球性的卫星导航系统，比如美国的全球定位系统（GPS）、俄罗斯的格洛纳斯卫星导航系统、欧洲的伽利略卫星导航系统，还有非常令我们自豪的中国北斗卫星导航系统。这些系统都是使用天上的卫星为我们引导准确的航向，为我们的生活带来极大的便利。

小结

本讲我们从炎帝、黄帝战蚩尤说起，讲了指向工具的重要性。虽然大自然中有很多天然的指向工具，但是它们都有很大的局限性。古代中国人利用磁铁，实现了持续的指南功能，找到了闪亮的指路明灯，推动航海事业欣欣向荣。

再来补充一个小知识。历史上指南车是真实出现过的，后人也仿制了出来，好用。但指南车其实是一种机械装置，它和指南针的原理是完全不一样的，只不过都属于指向工具罢了。

到这里，我们关于中国古代"四大文明"的介绍告一段落。

下一讲，丁老师将介绍一群人，一群喜欢"玩"的人，一群开启了科学时代的巨人，让我们下一讲再见。

科学史上最牛的"合照"

人类历史上有过很多有名的合照，记录下那些人类文明史上永恒的瞬间。但是，说到科学史上最牛的"合照"，那肯定非我们接下来要讲的这两幅莫属了。哪两幅呢？我们先从离我们时代更近，号称"人类历史上智商最高"的合照说起。

1."人数历史上智商最高"的合照

下面这张1927年第五届索尔维会议参加者的合影，就是"人类历史上智商最高"的合照。

第五届索尔维会议合照

什么是索尔维会议呢？索尔维是个人名，他的身份和诺贝尔很像，既是化学家又是家底雄厚的实业家，最终把万贯家财捐给了科学事业和慈善事业，总之，也是个大善人。

索尔维和科学家们

诺贝尔设立了以自己名字命名的科学奖金，索尔维则是提供了召开世界最高水平学术会议的经费。1927年的第五届索尔维会议，因为当时的"科学界首席网红"爱因斯坦和另一个"科学大咖"玻尔就量子力学的解释问题进行了激烈的辩论（当时的量子力学还是一门新兴学科），所以这一届的索尔维会议被冠以"最著名"的称号，并留下了这张科学史上经典的大合照。

这张合照中共有29人，其中17个人在当时或者在后来获得了诺贝尔奖。我随便报几个，居里夫人、洛伦兹、爱因斯坦、玻尔、薛定谔、普朗克、郎之万、海森堡、玻恩、狄拉克……他们都是人类历史上顶尖的科学家。

很多名字你尚未听说对不对？不是他们不够如雷贯耳，而是他们研究的东西比较高深，小学阶段我们接触的机会很少。等你学习了初中、高中的物理，再来看这张合照，你会发现合照上的岂止是一群科学家，简直是一大堆经典公式和物理单位——要知道，很多物理单位就是直接以他们的名字来命名的。

这合照厉害吧？丁老师觉得能与它PK的唯有下面这幅见证人类科学史开端的"合照"了。

2. 见证人类科学史开端的"合照"——《雅典学院》

《雅典学院》其实是一幅画（当时还没有摄影技术），一幅画在梵蒂冈教皇宫殿墙上的壁画。

《雅典学院》

梵蒂冈是个面积很小的国家，就在意大利罗马城里面，但梵蒂冈是基督教圣地，天主教的教皇就在宫殿里生活、工作。梵蒂冈教皇宫殿相当于教皇的办公大楼，宫殿内的墙壁不是粉刷的，而是找那个时代最出色的画家画了主题画，其中的四个房间就是委托大师拉斐尔完成的，《雅典学院》画在第一个房间，属于教皇的签字厅，就是专门用来签署文件的房间。

《雅典学院》画的是什么呢？首先来了解一下雅典，它被认为是古希腊最强盛的城邦，现在是希腊的首都。雅典学院又被称为柏拉图学院或阿卡德米学院，是古希腊哲学家柏拉图建立的一所供各个领域人才在那里谈论学术、交流思想的"学

拉斐尔与《雅典学院》的草稿

院"，为古希腊培养了很多的贤人。而《雅典学院》画的正是在雅典学院中高谈阔论的古希腊圣贤们。

这幅画牛在哪里呢？

首先，它的作者非常牛。拉斐尔，文艺复兴三杰之一，和达·芬奇、米开朗琪罗齐名。

如果你和丁老师一样，喜欢看《忍者神龟》的话，你会发现其中三只龟就是以这三位大师的名字来命名的，还有一只叫多纳泰罗，源自一位雕塑大师的名字。

拉斐尔只活到37岁，英年早逝，但是却留下了300多幅绘画作品，可以说每一幅都极具艺术价值，当然这其中最有代表性的，就属创作于教皇四个房间的壁画，被称为"拉斐尔的四个房间"。

这幅画有一个很牛很有意思的地方，画中那些圣贤的脸是拉斐尔以与他自己同时代名人的肖像来替代的。毕竟拉斐尔也不知道那些古希腊圣贤们长什么样。他把达·芬奇、米开朗琪罗、布拉曼特的脸都画在了里面。调皮的拉斐尔还把他自己和他女朋友的脸也画在了画里。有兴趣的话你可以去找找。图中几乎所有人都在做自己的事，或讨论或沉思，只有两个人的脸是对着观众的，一个就是拉斐尔，另一个就是他女朋友。

画中的时代则更牛。古希腊文明被认为是整个欧洲文明的发源地，是人类科学的起跑线，直到今天还深深地影响着这个世界。

比如说：著名的体育盛会奥林匹克运动会，就是古希腊人开创的；赫赫有名的运动项目马拉松，源于一场古希腊和波斯的战争（称为希波战争）中的一个英雄的故事。

艺术领域，古希腊的雕塑名扬天下，法国罗浮宫（又译卢浮宫）的三件镇馆之宝，分别是《蒙娜丽莎》《胜利女神像》和《断臂的维纳斯》，后面两件雕塑都是古希腊的作品。

文学领域，希腊神话是世界上最有名的神话系统之一，现在你所耳熟能详的宙斯、阿波罗、雅典娜、打开魔盒的潘多拉和普罗米修斯等形象都来自希腊神话。

建筑方面，古希腊风格的大石柱被广泛应用，无论是古罗马的斗兽场、美国的国会大厦、我国的人民大会堂，还是丁老师昨天刚路过的一个县城的人民法院，它们都有大石柱，而且都是中间长柱子，上下再顶个垫子，这就是典型的古希腊风格，你在生活中不妨留意一下。

不仅如此，连人类文明史上极为重要的文艺复兴运动，也是在向古希腊文明致敬，想要重新恢复古希腊文明、古罗马文明的科学和艺术等领域的荣光。

另外，古希腊这个时代的开拓者也很牛。古希腊其实是一个相对比较小的区域，按道理说它的影响不可能那么大。古希腊文明的影响其实与一个人的贡献是分不开的，那就是亚历山大大帝，世界历史上的四大战神之一（另外三位分别是古罗马的凯撒大帝、单挑整个欧洲的拿破仑和把意大利按在地上摩擦的非洲战神汉尼拔；当然，这个排名不是谁都服气的，据丁老师所知，成吉思汗要是听说，应该会很不高兴）。马其顿王国（亚历山大帝国）国王亚历山大大帝确实是神一样的人物，一生未尝败绩，吞并古埃及，横扫两河流域，荡平波斯帝国，往东一直打到印度河流域。他吞并了三个文明古国的地盘，并对这三个文明古国的文化进行消化、吸收，再次输出的时候，已经是更为璀璨的古希腊文明。而古希腊文明也随着亚历山大的远征广为传播。《雅典学院》里当然也少不了他。画中穿白衣，双手环抱的男青年就是亚历山大大帝。

小结

这一讲我们认识了科学史上最经典的两幅"合照"。一幅是第五届索尔维会议的合照，另一幅则是拉斐尔的《雅典学院》。我们介绍了《雅典学院》的作者、内容和背景，以及古希腊文明对世界所产生的巨大影响。我们还讲到了一些艺术领域的知识。其实，艺术和科学是人类文明进步的两个轮子，艺术创造梦想，而科学负责实现梦想，你都应该有所了解。

不知你有没有发现，这么厉害的亚历山大大帝都没有站在《雅典学院》的中央，说明更厉害的人物尚未登场。别急，请见下讲分解。

科学的黎明

上一讲，我们了解了科学史上最牛的两幅"合照"，并且通过《雅典学院》这幅世界名画对古希腊文明的轮廓有了一定的认识。丁老师还留了一个小悬念，画中拉斐尔和他女朋友的脸，你找到了吗？这位有着拉斐尔女朋友的脸的女子，她所代表的历史人物是真实存在的，名叫希帕蒂娅，据说她是智慧与美貌的合体，是当时世界上顶尖的数学家和天文学家。小学五年级科学下册讲到的比重计就是她发明的，我们到现在还在用。关于她为了捍卫真理而死的故事还被改编成了电影《城市广场》，你有兴趣可以去看看。

"人多嘴杂"

借助《雅典学院》这幅壁画，我们继续来了解古希腊文明。如果要丁老师来归纳古希腊文明的特点，一个词，"人多嘴杂"。

1. "人多"

之所以说人多，是因为这是一个群星璀璨的时代，壁画中，各路大神济济一堂。那个时代学术非常自由，也就是说，你可以自由选择你喜欢的领域搞自己的研究，爱怎么玩就怎么玩，结果各个领域都出大师。

古希腊人对世界的思考

比如说，数学大师毕达哥拉斯，他对数字非常着迷，他觉得用数可以解释世间的一切。作为数学大师他还玩音乐，据说有一天他走在大街上，听铁匠打铁，觉得"叮叮当当"的节奏很好听，就用数学的方式将这个声音的比例记录了下来，这就是黄金分割，又叫黄金比例。后来画家、建筑师、摄影师发现，他们的作品按0.618∶1的黄金比例进行创作的话，能呈现最美的效果，黄金分割几乎成了艺术中最经典的构图理论。"地球是个球体"这个概念是毕达哥拉斯提出来的，不管是提出"地心说"的托勒密还是提出"日心说"的哥白尼，都是他思想的继承者。

有人研究数学和音乐，也有人研究人体。古希腊的希波克拉底被称为"医学之父"，他医术高超，医德高尚。他首创了《希波克拉底誓词》，直到今天，每一个即将成为医生的人都要以此来宣誓。

《希波克拉底誓词》

测量地球的"腰围"

比起他们，埃拉托色尼玩得就大了，精通几何学的他，"玩"起了地球。在那个年代，他仅仅利用两个不同的地点、一根杆子以及影子的长度，居然量出了地球妈妈的"腰围"。他算出来是25.2万希腊里（1希腊里约为157.5米），约4万千米。他还推导出地球到太阳的距离是1.472亿千米。现在比较精确的估算值：地球赤道周长为40076千米，地球与太阳的平均距离为1.49亿千米。2200多年前，没有任何先进工具的埃拉托色尼居然能算出这么精准的数，够厉害吧？

还有玩得更大的，那就是科学书里提到的天文学家托勒密，他在古埃及、古巴比伦和古希腊天文学的研究基础上，提出了"地心说"。虽说现在看来这个学说是错误的，但是在哥白尼的"日心说"之前，它在西方流传了大概有 1400 年。更重要的是，托勒密认识和解释世界的方法成为后来很多学者学习的样板，对现代科学影响深远。

玩得最洒脱的大师应属哲学家第欧根尼，他是犬儒主义的代表人物。他倡导人们过朴素的生活，认为物质的东西都是无关紧要的。同时，他在道德上严格要求自己，受人尊重。据说他住在一个圆桶里，过着乞丐一样的生活。相传一次亚历山大大帝去找他，对他说："我能满足你的一个愿望，你希望得到什么？"第欧根尼的回答是："请不要挡住我的阳光。"

正因为古希腊的学术自由，各个领域人才井喷。还有更多的大师来不及介绍，比如苏格拉底、柏拉图、亚里士多德、赫拉克利特等，不过没关系，我们应该会在历史课本、语文课本或美术课本里"遇见"他们。

总之，古希腊时代，不仅大师云集，而且很多大师的研究领域非常广，比如前面说的希帕蒂娅和毕达哥拉斯都横跨好几个学科，更不要说亚里士多德了，他被认为是人类历史上"第一本百科全书"。

说来也巧，在古希腊文明的巅峰期，与之远隔万里的东方也进入了一个百家争鸣、人才辈出的时代，我们熟悉的老子、孔子、墨子、庄子等一大帮圣人陆续登场，各家争芳斗艳。这对于人类文明的发展来说，无疑都是幸事。

2. "嘴杂"

"嘴杂"又从何说起呢？古希腊的大师们最喜欢的交流方式，叫作辩论。你可以想象这样一个画面，学识渊博的大师拉着一帮人站在路边，唾沫星子乱飞地正在辩论到底是太阳在转还是地球在转，这或许就是他们的常态。所以你看到《雅典学院》的画面正中，柏拉图和他的学生亚里士多德正在激烈地辩论着。在古希腊人眼里，这并不是不尊重老师，而是对真理的执着追求。亚里士多德说："我爱我的老师，但我更爱真理。"

所以，"人多嘴杂"就是古希腊文明的轮廓。

科学的黎明到来了

就在这个欣欣向荣、百家争鸣的大背景下，科学的黎明到来了。"科学的启明星"，名叫泰勒斯。

在科学出现之前，人们是怎么来解释生活中的现象的呢？用神话。比如：为什么一年会有四季？为什么冬天地上不长庄稼呢？希腊神话是这样解释的。谷物女神德墨忒尔是负责耕种的神，粮食丰收、作物丰富都是由她来掌管的。她有个女儿叫珀尔塞福涅，长得非常漂亮，被冥王哈迪斯（希腊神话中的冥王相当于中国的阎罗王）看上并绑架到了冥界做他老婆。谷物女神发现自己的女儿丢了，非常伤心，工作也没心思了。接着大地变得一片萧条，一年四季都变成了冬季，庄稼根本没法种。于是，众神之王宙斯就出面去和哈迪斯商量，你这整天霸占人家女儿的行为太过分了，要不这样，一年中前三个季度放珀尔塞福涅回家陪妈妈，最后一个季度到冥界给你当老婆。哈迪斯点头同意。于是我们的一年中春、夏、秋三季作物欣欣向荣，但是冬季万物生长速度缓慢，因为德墨忒尔见不到女儿心情低落。

古人崇拜神灵，生活中一旦出现无法解释的现象，往往就去神灵那里找原因。

这时候，科学史上的第一位大神泰勒斯说，对不起，你们都错了，世界不是由神创造的。泰勒斯是位旷世奇才，他精通几何学，根据物体的影子测出过金字塔的高度；他精通天文学，据说利用天文学知识，预测了橄榄的丰收；他还是古希腊有记载的第一位哲学家。但是，他最大的贡献无疑是对这个世界的思考。通过长时间的观察和思考，他发现动、植物都离不开水，于是他提出了"万物源于水"的理论，所谓"水是万物之本源，万物终归于水"。

今天的我们当然知道那是不对的，水是大自然中的重要物质，但并非是组成万物的最基本元素。但在当时，提出这个理论是非常了不起的。这意味着泰勒斯是第一个越过神灵，寻找万物起源的人；更意味着人类开始相信自己，相信周围的世界和发生的所有事情是可以用人自己的眼睛去观察和了解，甚至可以用自己的想法去改变的，这就是所谓的理性思维。

尽管"万物源于水"的理论是错的，但是这表示人类开始依靠理性思维来思考世界了。所以泰勒斯被认为是人类历史上第一个科学家。

小结

　　古希腊文明的特点是"人多嘴杂"，这一时期涌现出了一大批对后世影响巨大的大师。同时，古希腊作为人类科学的发源地，与它多元、开放、自由的学术氛围，以及通过辩论进行学术交流的传统是分不开的。"自然科学之父"泰勒斯第一个用理性思维观察自然，解释世界，为人类推开了科学的大门。

　　古希腊文明的故事尚未完结，如果说泰勒斯是科学的开山鼻祖，那么下一位男主角毫无疑问是第一位科学巨匠。他是谁呢？让我们下一讲揭晓答案。

"裸奔"的大师阿基米德

5月有好几个节日。5月1日是国际劳动节；5月的第2个星期日是母亲节，相信在这一天很多同学都会用自己的方式表达对妈妈的爱。那么，5月18日是什么节日你知道吗？5月18日是国际博物馆日。博物馆是保护和传承人类文明的重要殿堂，是连接过去、现在和未来的桥梁。现在各个国家和地区都十分重视博物馆的建设。世界上最著名的四大博物馆每天都是游人如织，人们纷纷去那里参观、学习。丁老师的家乡也有好几个非常棒的博物馆，如宁波博物馆和中国港口博物馆。不久前我们刚组织了一部分小朋友去参观了其中的中国港口博物馆。

那么，最早的博物馆源自于哪里呢？我们前面提及的亚历山大大帝，他在征服了埃及之后，在尼罗河畔建立了亚历山大城。随着他征战两河流域、印度河流域，他搜集了很多新奇玩意儿和珍宝，于是，就在亚历山大城里又建了一个叫作"缪赛昂"的研究机构。缪斯是古希腊神话中智慧女神的名字，"缪赛昂"意思就是智慧女神缪斯的宫殿，"缪赛昂"这个词后来演化成了英语里的"博物馆"（museum），"缪赛昂"也被视为博物馆的前身。

事实上，当时的"缪赛昂"不仅仅是收藏文物标本的博物馆，里面还有动植物园、天文台、实验室，甚至我们讲印刷术时提到过的"亚历山大图书馆"都是它的一部分，所以它更像是一所"皇家学院"。

聊完了博物馆的由来，我们本讲的主人公就该闪亮登场了。他就是阿基米德，科学史上第一位科学巨匠，世界数学史上最伟大的"大神"之一（他和高斯、牛顿被称为"世界三大数学家"），除此之外他还是天文学家、哲学家、发明家和工程师。如果要把成就和头衔刻在名片上，那么或许有些人只需一张小卡片，但阿基米德哪怕用一张A4纸来写都不够。

世界三大数学家

先来说说阿基米德的出生。他是意大利西西里岛人，不要怀疑你的耳朵哦，你没听错，在亚历山大帝国时期，意大利就是古希腊的疆域。阿基米德出生在意大利西西里岛一个叫叙拉古的地方。西西里岛风景优美，拥有水晶般清澈的海水和美丽的海床。只是后来那地方因为成了黑手党的摇篮而变得名声不太好。而在2200多年前，西西里岛的荣光属于阿基米德。阿基米德的父亲是一位天文学家。因为从小耳濡目染，所以阿基米德对科学十分感兴趣。

那年，小阿基米德9岁了。太阳当空照，花儿对阿基米德笑，我们的阿基米德快乐地上学去了。他去的那所学校，相当有名，连你都知道，那就是"缪赛昂"。阿基米德在上学的时候就已经展示出了惊人的天赋，他发明了螺旋抽水机（这是一种能利用螺旋装置自动把水提升到高处的机器，农民伯伯种的庄稼需要灌溉的时候它太实用了，所以直到今天，埃及还有人在使用这种机器）。几年后，他离开了亚历山大城，回到了家乡叙拉古，一直到死，他都在叙拉古进行自己的科学研究。

关于阿基米德的科学研究，可以用他的三句名言来概括，这三句名言也对应了阿基米德的三则小故事。

"给我一个支点，我就能撬起地球。"

据流传，阿基米德说："给我一个支点，我就能撬起地球。"其实，这是阿基米德在展示他的发现——杠杆原理，支点就是杠杆原理里的支撑点。杠杆原理后来也被称为阿基米德原理。在这里阿基米德其实就已经清楚地认识了重心这一概念。现在的我们都知道，只要把手指头放在一根质地均匀的棍子中间，棍子就会保持平衡。如果移动手指又会怎样呢？这就是阿基米德原理所解释的现象。学过小学六年级科学中的《简单机械》的小朋友都会知道这个道理。但这在当时是一个很伟大的发现。

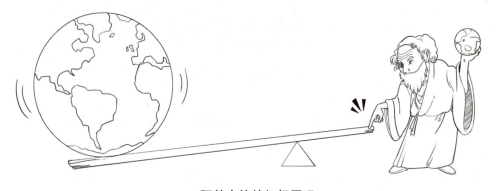

阿基米德的杠杆原理

到底是不是阿基米德在吹牛呢？当时的叙拉古国王希龙也是半信半疑。恰巧当时国王造了一艘大船，由于船特别沉，移不进水里，于是请来了"能撬起地球"的阿基米德。阿基米德利用杠杆原理设计出了一套复杂但十分巧妙的装置，然后把装置另一头的绳索交到国王希龙的手里。国王用手轻轻拉动绳索，奇迹出现了，大船缓缓挪动，进入水里，国王顿时为之折服。

"尤里卡，尤里卡！"

第二则故事更具有传奇色彩。希龙国王有一次请金匠用纯金打造了一顶王冠。皇帝怀疑制作王冠的材料被偷梁换柱，掺了其他金属，于是请来阿基米德做鉴定。由于不能损坏王冠剖开进行检查，古时候也没有透视设备可以用来检查内部构造，所以这事情难度很大。一开始阿基米德也是束手无策。

有一天，他坐进装满水的浴盆里洗澡，水就从边上溢了出来。他顿时就想到了怎么测量黄金的体积。内心澎湃的阿基米德抑制不住自己的兴奋，从浴盆里冲出来，连衣服都忘了穿，光着屁股就跑到大街上，一边跑一边喊："尤里卡，尤里卡！"（希腊语"尤里卡"意思是"我找到了"。）

"裸奔"的大师找到了什么方法呢？就是先把王冠放到装满水的桶中，测量溢出的水的体积，然后再把同等重量的纯金放入同一个装满水的桶中，再测出此时溢出的水的体积。按照阿基米德的理论，如果王冠里掺有其他金属的话，体积就会更大，溢出的水就会更多。据说，根据这个方法，他们果真发现了王冠里面掺了银。

这个故事很生动，这其中的原理，如果你学了小学五年级科学的《沉和浮》，理解起来应该是没有什么问题的。这个原理至今仍写在物理学的教科书里，属于流体静力学的基本原理，也被称为"阿基米德原理"。也正是为了纪念这一事件，某一著名的世界发明博览会就以"尤里卡"来命名。

这则故事其实还有一个中国版本，那就是语文课本里学的《曹冲称象》，讲的是少年曹冲运用浮力原理称量大象体重的故事。

不过，现在也有很多人对这个故事提出了质疑。他们发现，古希腊的王冠类似于奥运会的橄榄枝花环，目前考古已发现的重量最大的古希腊王冠也只有700多克，直径为18.5厘米左右。可能你对这几个数据没有概念，完全没有关系，你只要知道，如果我们把一个700克的纯金王冠放进一个手掌那么深，底面直径为20厘米左右的圆柱形的装有水玻璃缸里（水量足以没过整个王冠），它会造成0.115厘米的水位上涨。如果里面掺了 $\frac{1}{3}$ 的银（这个量已经相当大了，肉眼都能看出色彩变化），那么玻璃缸里的水位会上涨0.147厘米。减一减，两次实验的水位差为0.032厘米，也就是0.32毫米。

你可以找来一把尺子看看，0.32毫米是怎么样的一个数据。这在我们学校的实验室里，都很难测量出来。而在当时，精密的尺子和量筒、量杯都还没发明呢，要如何辨别出这个数量级的水位差呢？

因此，用水桶测王冠的故事可能是杜撰的。但阿基米德原理的发现是不争的事实，估计他是采用其他的实验方法测出来的。我们今天把故事和这个质疑放在一起，就是希望同学们通过自己的知识来判断：你认为这个故事是真实的吗？你还觉得哪些著名科学家的故事令你心里存疑呢？大胆质疑，小心求证，这本来就是科学的精神。

小结

今天我们从博物馆的起源说起，古希腊时期亚历山大城里的"缪赛昂"是现代博物馆的前身，它也是阿基米德的母校。9岁就求学在外的阿基米德最终成了古希腊科学的旗帜，我们今天介绍了他的其中两句名言，"给我一个支点，我就能撬起地球"，以及"尤里卡，尤里卡（我找到了）"。相对应的两则故事非常精彩。当然我们要用科学的眼睛去审视故事的真实性。阿基米德的伟大是毋庸置疑的，以至于敌国来攻打叙拉古的时候，敌国国王想留住人才，下令不得伤害阿基米德。可惜，他还是被害了。

下一讲，我们来说说阿基米德之死，以及他留下的宝贵的文化遗产。

阿基米德的遗产

前面我们讲到了人类历史上第一位科学巨匠阿基米德，他"能撬起地球"的豪言和他"裸奔"的故事都是科学史上的传奇，而他的死则是科学史上的悲剧。

"不要踩坏我的圆！"

在阿基米德的晚年，世界变得不太平，强大的古罗马军队在马塞拉斯将军的率领下兵分两路，分别从海上和陆地同时进攻西西里岛，美丽的叙拉古被笼罩在战火的硝烟之中。别看阿基米德是个平时不舞刀弄剑的科学家，他的智慧却成了叙拉古最强大的武器。据说，阿基米德运用杠杆原理造出了一批投石机，有效地阻止了罗马人攻城。还有人说，他发明了类似起重机一样的玩意儿，能把古罗马的军舰直接从水里"抓"起来，以至于古罗马的海军根本接近不了叙拉古城。传说最神的就是阿基米德魔镜（又叫阿基米德死亡光线），方法就是召集士兵，手持特制的大镜子，在岸边排成一长队，将阳光汇聚到古罗马的军舰上，将敌人的军舰全部烧毁。这些新式武器使古罗马军队无可奈何，整整围城三年，却无法占领叙拉古。时间一长，连古罗马军队中都在传颂阿基米德的"神威"，马塞拉斯将军苦笑着承认："这是一场罗马军队和阿基米德一个人的战争。"

当然，严谨地来说，以上故事，尤其是故事中那些战争器械是否真实存在，没有确切的记载，更没有考古实物的证明。现如今，一些严谨的科学家有尝试过去还原和证实那些故事。

美国的科普栏目《流言终结者》就做过一期研究"阿基米德死亡光线"的节目，让500名实验者拿着大镜子，将太阳光集中反射到一艘木船上。结果发现这个方法确实能让船只温度上升，但上升后的温度还不足以让船只燃烧。这是否就说明，阿基米德魔镜的故事是假的呢？也不一定。因为当时的战争中人类已经开始使用可燃物作为攻击敌人的武器，想象一下，如果阿基米德先把这些易燃物投掷到敌军的船上，再用阿基米德魔镜产生的热量将它们点燃，那杀伤力肯定是相当巨大的。

据说，那场战役打了整整3年，最终由于内部出现叛徒，在里应外合之下，叙拉古城被古罗马军队攻克。马塞拉斯将军欣赏阿基米德的才华，因此在攻城前特别强调，不能伤害阿基米德，要抓活的，他希望阿基米德能为自己所用。但是悲剧还是发生了。一个杀红了眼的士兵冲进了阿基米德的房间。而此时的阿基米德还在沙堆上专注地研究他的几何问题，根本没留意到这个士兵高举的

不要踩坏我的圆！

阿基米德之死

屠刀，只是大喊了一声"不要踩坏我的圆"，便被一刀刺死。这也是丁老师要讲的第三句阿基米德的名言。它让我们看到一个科学巨匠在探索真理时，无畏生死、超然世外的精神境界。

这位士兵后来受了重罚，马塞拉斯也为阿基米德修建了墓地，还把他的墓碑设计成特殊的几何形状来纪念他一生的功绩，但这些都无法弥补一位科学巨匠黯然离世的遗憾。

然而，阿基米德的故事，还没讲完。

阿基米德原著的手抄本

时间穿越到了1998年，纽约的佳士得拍卖行正在举行拍卖会。佳士得拍卖

行历史悠久，名气很大。他们这次拍卖的主题是一批非常珍贵的手稿，里面不仅有居里夫人拿到博士学位的论文原稿，还有达尔文《物种起源》的第一版（前面我们就讲过，1859 年，达尔文发行了《物种起源》的第一版，当时只印刷了 1000 多份，在极短的时间内就被销售一空。在经历了约 140 年之后，这些书存世的数量其实已经非常稀少，所以也就非常珍贵）。

但令人惊奇的是，在这批手稿中，起拍价最高的却是一本破旧不堪的小羊皮书。这是一本厚厚的手抄本，周围已经被烧焦了，而且还发霉得很严重。但就是这样的一本册子，起拍价却远远超过了居里夫人的论文手稿，达到了惊人的 80 万美元。你还真别担心没人买，希腊政府为此还派出了专员，抱着势在必得的决心参与了这场拍卖会。遗憾的是，他们遇到了一个神秘的土豪，在轮番加价之后败下阵来。这位神秘的美国买家以 200 万美金的最终成交价拍得了这件文物。

到底是什么样的宝贝，如此引人注目？我们先来说说它里面的内容。从表面上来看，它就是一本用拉丁文写的祷文（类似于向上帝祷告岁岁平安、年年有余、谷物满仓、阖家欢乐之类的"心愿书"）。所以，从内容上看，这本小羊皮书毫不起眼。

那么，这本羊皮书是被谁发现的呢？是一位名叫海贝尔的古物学家，他是丹麦人。有一次，他到土耳其的伊斯坦布尔旅行，在一座教堂的图书馆里，发现了这本厚厚的祷文。祷文的内容太普通了，并没有什么文学价值，也没有什么考古价值。但是他看到祷文的下面，隐隐约约似乎还有一些文字，这像是被人擦掉了原有的文字以后，再被覆盖上了新的文字。

这下，海贝尔就感兴趣了。前面我们讲过，在造纸术普及之前，古希腊曾广泛使用羊皮纸作为书写材料。但是由于这种材料价格不菲，所以人们能省则省，常会反复擦写。而这次，他从淡淡的痕迹里看出，下面的文字符号里夹杂着很多数字，还有几何图形。直觉告诉他，这是很有价值的。

所以，他花了大量的精力，甚至动用了当时还很稀奇的"摄影"技术，把这些文字抄录了下来，带到丹麦进行研究。这本羊皮书年代太过久远，尤其是边缘破损得十分严重，估计曾经经历过火灾，只因为羊皮相对耐火所以才得以幸存。因此，想要辨识这些文字十分困难。最终只有 $\frac{2}{3}$ 的文字被提取了出来。但人们正是通过这 $\frac{2}{3}$ 的文字确认了它的内容，这是阿基米德关于数学方面的研究内容。

所以，在1998年的佳士得拍卖会上，这本羊皮书的身份便是阿基米德原著的手抄本，因此价格惊人。

话说美国富豪买了这本羊皮书之后，并没有藏起来，而是借给了博物馆。博物馆组织文物保护专家对这本册子进行了研究，研究的结果是下面这样的。大约1200年前，一个抄写员把阿基米德原著的手稿抄写在了羊皮纸上。直到200多年后，有一位主教在写祷文的时候找不到空白的笔记本，在书架上翻到了这本闲置多年的旧书，就擦掉了上面的内容，写下了自己的祷文。但遗憾的是，由于破损严重，羊皮书上记载的数学研究内容并没有被破译出来。

富豪买家不甘心只有这个结果，于是，2005年，羊皮书被送到了斯坦福大学的实验室，被试着用高能X射线进行扫描和识别。这种高能X射线，对铁元素的识别度非常高，含有铁元素的地方会被清晰地显示出来，即使那地方曾被烧焦过，已经破旧到肉眼根本无法识别，也能被还原出来。要知道，以前的墨水含铁量是比较高的，所以识别结果非常理想，羊皮书中的隐藏文字完全暴露在科学家的眼前。

数学家们惊呆了。书上抄录的内容，从未在阿基米德的其他书上被记录过，几乎是全新的内容。文中还记录了阿基米德的一项重大数学发现，那就是用无穷多个小圆片相加的方法来求出球的体积，而且得出的这个球的体积计算公式是正确的。

这意味着什么呢？意味着阿基米德已经掌握了"微积分"工具的原理。历

阿基米德原著手抄本揭秘过程

史上原先一直认为这是350多年前牛顿和莱布尼茨的重大发明，然而阿基米德可是2300年前的人物。

而"微积分"这种数学工具的使用又意味着什么呢？意味着科技在那个时间点上，是有可能产生爆炸性发展的。因为，数学是科学的灵魂，而科学又推动着技术的发展，从而推动人类生活方式的改变和文明的进步。如果说数学是一棵大树，那么微积分就是树干。等你上了大学，你会发现，其他学科诸如化学、生物学、地理学、现代信息技术等学科都是离不开微积分的。

简单地说，如果当年阿基米德没被士兵杀死，如果阿基米德把微积分等数学体系整理完整，传授给他的弟子们并应用推广开来，如果古希腊和古罗马时代之后没有进入到黑暗、愚昧的中世纪，那么人类很有可能在阿基米德之后的300～400年里，就迎来科学技术的大进步，就如同牛顿和莱布尼茨之后的约300年里，我们制造出了航天飞机，登陆了月球，研究了量子纠缠和基因编辑。

试想，如果这个起点不是300年前，而是2200多年前，你能想象我们现在的科技会有多厉害吗？这不是科幻，这是阿基米德带给我们的遐想和追思，让我们向伟大的阿基米德致敬。

小结

今天讲到了阿基米德抗击罗马军队的故事，他的死令人扼腕叹息，他死前的最后一句话"不要踩坏我的圆"，成了他科学精神的标签。他的传奇在死后还在延续，那本破旧的小羊皮书记载着他惊人的智慧。人们在窥探到里面的"微积分"思想时，不禁感慨，如果科学技术能在阿基米德那个时代起飞，银河系漫游的故事可能就不会只发生在电影里了。

下一讲，是古希腊板块的最后一讲，我们要来聊一聊，"到底是古人聪明，还是现代人聪明"呢？

古人和现代人谁更聪明

先来表扬一位同学的质疑，他在留言板里问："古代的墨水能擦吗？这是bug（漏洞）吗？"你留意到了这个细节，并提出了自己的质疑，这是非常珍贵的科学精神。

奉上丁老师的答案：擦掉墨迹还真不是bug。古代的莎草纸和羊皮纸，上面的墨水都可以被擦掉，然后可以反复书写。虽然丁老师也没见过莎草纸和羊皮纸的真品，但它们肯定比现在的纸要厚实，不容易被擦破。它们甚至有一个专用的名字，叫"重写本"。

特别是在进入中世纪以后，战火不断，物资非常匮乏，人们不得不重新利用旧的羊皮纸手稿，他们会用柠檬汁或者牛奶来擦拭上面的墨迹，然后写上新的文字。所以墨迹是肯定能被除去的。当然，这种方法也有缺陷，就是过了一段时间以后，原先的字迹可能会重新显示出来。不过，这对古物学家来说可算不上缺陷，这可是阿基米德著作的手抄本还能重见天日的直接原因。

接下来，进入这一讲的话题：古人和现代人谁更聪明呢？

前19讲都是在讲一个个人或事件，而这一讲则是讨论一个话题。为什么要讨论这个话题呢？因为，丁老师的课堂上经常遇到这个问题，并且众说纷纭。留言板里就有以下三种不同的观点。

观点一：古人聪明。

观点二：现代人聪明。

观点三：古人和现代人一样聪明。

首先要肯定的是，每个人有自己独立的观点，而不是人云亦云，这非常重要。其次，很多同学在给出观点的同时，还附上了证明自己观点的"证据"，有理有据，这很科学。

支持观点一的同学认为，我们现有的一切都是在古人的基础上创造的，从无到有和从有到优，显然是前者难度更大。

支持观点二，认为现代人比古代人聪明的人数显然所占的比例更大一点。其中比较有代表性的想法是：古人知道的，我们都已经知道了，而我们所了解和掌握的技能，是远超过古人所能想象的，所谓长江后浪推前浪，前浪倒在沙滩上。比如对于古人"天圆地方"的认识，以及托勒密的"地心说"，很多同学觉得不可思议，就恨自己生得太晚，要不就能指点他们一下，顺便成为名垂青史的大神了。

而认为古人和现代人一样聪明的同学，通常觉得这是"关公战秦琼"，没法比较。

古人和现代人到底谁更聪明呢？下面丁老师来谈谈自己的观点。

首先，要对这个问题进行概念鉴定。什么是古人？因为我们这个板块讲的是古希腊文明，所以这个古人就定义到古希腊和古罗马这个时期附近，非洲大草原上狂奔的原始人不在讨论范围内。而现代人以这100年内为基准。

其次，比较的对象，是平均值（或者说是常人之间）的比较。不可否认，即使在同一个时代里，人们的智力水平也是有差别的，你拿阿基米德和这个时代的常人来进行比较，这个结果是没有参考价值的。

重点来了，怎么样才算聪明呢？这个世界上专门有人研究过这个问题。心理学家发明了一套标准化的智力测试工具，测试的得分就叫作智商（IQ）。所以，智商是一种分数，而你真实的聪明程度，叫作智力。

目前，世界上应用最广泛的智商测试量表叫作韦克斯勒智力量表，它是由美国医学心理学家大卫·韦克斯勒（David Wechsler）于1949年开始主持编制的。它能测试一个人的逻辑推理、模式识别、短期记忆等方面的内容，来给出一个分值。人类的智商平均值是100，如果你的智商是100，就属于中间水平。大多数人的智商会在平均智商的一个标准差的范围内（15分为一个标准差）。简单地说就是，全世界$\frac{2}{3}$的人智商在85～115之间。如果你的智商高于130分，那么你就摸到了天才的门槛；而如果你的智商低于70，那么很遗憾你的智力低下。属于这两种极端情况的人数量很少，100人中只会有2～3人。我们熟悉的爱因斯坦据说智商是165。

顺便补充一个小知识：世界上平均智商最高的人群是华人，不过不是我国的华人，而是新加坡的华人，他们的平均智商达到了114，比全世界平均智商高出约一个台阶。

而对于一个人来说，他成年后的智商几乎是不变的。但是，一个叫弗林的科学家经过系统研究发现，在过去的一百年里，全世界人们的智商都变得越来越高，这个现象叫作弗林效应。也就是说，如果大家都做同一套智商测试题，后一代人的平均成绩要比前一代人的高。他还测出了具体数值，美国人在这50年里，每年平均智商上升0.3。也就是说，假如100年前的美国人穿越到现在，那么他的智商会比现在的普通人低30，基本就属于智力低下了。而你要是穿越到100年前，你的智商应该可以碾压大部分人了。如果你穿越到古希腊时代，这个优势就更明显了。

古人和现代人的IQ大比拼

我们智商的整体提高，源自更普及的教育、日常生活所带给我们的更丰富的信息来源、爸爸妈妈给予我们的更长时间的陪伴。

所以，现代人的智商更高。

这就是最终的答案吗？还不是。

因为科学家研究发现，虽然智商和智力关系非常密切，但是智商不等于智力。科学研究告诉我们，智商的大幅度提升是由于我们在一些专项认知能力上发展很快，但是千百年来，人类的基因并没有发生大的突变，人类整体的智力并没有提升。我们的通用智力（被称为G值）和古人是维持在同一水平上的。

所以，我们是不是比古人更聪明呢？这问题有两种问法。

如果问题是"我们出生时的大脑是不是比古希腊人更有潜力，更聪明"，那么答案是"不"，我们的智力水平是一样的。一个古希腊时代刚出生的小孩要是送到我们现在的环境中来抚养，他完全能适应现在的学习环境、生活环境和工作环境。

如果问题是"我们是否已经比古希腊人有了更好的学习机会，来丰富自己的认知能力，来应对这个世界的挑战"，那么答案就是"对，我们升级了"。这好比玩游戏时，我们的起始等级和能力值是一样的，但是我们拥有了选择更多装备的机会，这是我们这个时代的幸运。反过来，我们再看阿基米德、泰勒斯、托勒密、毕达哥拉斯等人，他们在古代整体认知水平很低的时代，在实验、观测器材极其有限的情况下，还能有这么大的成就，确实了不起。

明白了这个道理，我们还能理解很多的事情。有时候，我们会觉得自己的长辈不如自己聪明，尤其是我们的爷爷奶奶、外公外婆，他们不会开汽车，不会用微信，更不会玩王者荣耀。因为你比他们更聪明吗？我想你此刻一定有了自己的答案。

老年人对新事物的接受情况

小结

　　本讲我们探讨了一个话题：古人和现代人到底谁更聪明呢？同学们给出了自己的观点和证据，科学家也有自己的判断。在经过系统研究之后，科学家弗林给出了这样的答案：这个高度发展的社会提高了人类的认知能力，使人类的平均智商逐年上升；但是智力水平由于受基因的限制，现代人和古人其实是旗鼓相当的。

　　感谢这个时代，让我们拥有空前的知识储备和古人难以想象的便利条件。如果我们能善于利用，勤于探索，人类文明必将在我们手上得到更好的传承和发扬。

　　关于古希腊文明的讲述，终于要告一段落了。下一讲，我们要揭开地球妈妈的面纱，来聊一聊人类探索地球的故事。

地球妈妈的"腰围"

无论在哪个时代，对天空和大地的好奇都是人类与生俱来的天性，我们总是穷尽自己的能力去了解头顶的天空和脚下的地球。所以，人类从未停止过对地球的探索。想知道，这地球到底是啥样的？但是，这又谈何容易，尤其是在既没有卫星，又没有航天飞机的时代，身处地面上的人想要知道地球啥模样实在是太难了。套用苏轼的名句："不识庐山真面目，只缘身在此山中。"

探索地球

计算地球圆周长

在这样的背景下，要是有人告诉你，他想测出地球的圆周长（这里的圆周长应该是指假设地球为正球体时的地球的最大圆的周长），你会不会觉得他是在痴人说梦呢？

但真的有人这么做了，他就是我们的老熟人——古希腊时代的大师，亚历山大图书馆的馆长，"地理学之父"埃拉托色尼。他受尼罗河小岛上一口古井的启发（在每年的夏至日，阳光就能直射到那口古井的井底），在夏至日测量了亚历山大城一块方尖碑的影子长度，丈量了古井和方尖碑的距离，再利用数学定律计算出地球的圆周长。你可能理解不了这个实验的原理，没关系，你只要知道，他拿小树枝在泥地上算出来的地球圆周长居然和我们现在用卫星测量的赤道周长的数据非常接近，这就足以令你匪夷所思了，怎么样？有没有献上你的膝盖的冲动？

思考中的埃拉托色尼

所以，埃拉托色尼的测量地球圆周实验被列入人类历史上的"十大经典物理实验"，而且是"十大经典物理实验"中，年代最早的一个。

顺便提一下，这十个经典物理实验都相当了不得。有牛顿的棱镜分解太阳光实验，证明了白色的阳光其实是由七种颜色组成的；有伽利略在比萨斜塔上的自由落体实验，这个后来被证实是一个思想实验，是伽利略的一个设想，他没有实践过，但他的设想是完全正确的；还有英国物理学家卡文迪许，他用几个小球居然测出了地球的质量和密度，那便是卡文迪许扭秤实验；当然还有我们熟悉的法国物理学家傅科，他的"傅科摆"证明了地球在自转。这里不再一一举例，如果你有兴趣，可以去了解一下，每一个实验都是传奇，都丰富了我们对世界的认识。

不过，计算总归是计算，在后来的2000年左右的时间里，其实人们都没法判断埃拉托色尼测出的地球圆周长数值对不对，因为谁也没测量过。直到战神拿破仑出现，他说："我要精确测量地球的圆周长！"

测量地球圆周长

堂堂法兰西第一帝国的皇帝，怎么想到要去测地球的圆周长呢？这事情说来很有意思，是为了统一长度单位。

在古代，长度单位在不同国家差别很大。比如在古代中国，《孔子家语》有云："布指知寸，布手知尺，舒肘知寻，斯不远之则也。"还有一个常见的长度单位是"丈"，古代有成年男子高约一丈，所以称为"丈夫"。"尺""寸""寻""丈"这样的单位其实都是以人的身体部分为依据而建立的。

在公元前2700年左右的古埃及，"皇家腕尺"（腕尺即从肘到中指端的距离，皇家钦定的腕尺约52厘米）是他们的标准尺度。比如著名的胡夫金字塔，高约280腕尺。

盎格鲁–撒克逊人的计量方法就更有趣了，他们规定，"在星期天早上离开教堂的前16位男子左脚的总长度"为一个距离单位。

还有12颗小米排成队算一个单位的；有迈开腿走一步算一个单位的；还有扔一个石块的距离算一个单位的……

总之，各国的长度标准五花八门，甚至在同一个国家里，城市与城市、乡村与乡村之间都可能存在不统一的长度标准。这给人们的交流带来了很大的麻烦。比如古人想去买一匹2米宽的布做长袍，结果，跑到长度单位不一样的村庄，买来一看，做个背心都不够。太尴尬了。

怎么办？最好的解决办法，就是大家都用同一样东西做参考，来统一一个长度单位。但是用身体部位或物品等来做参考肯定是不好的，因为它们本身就是一个不稳定的量。

法国科学院就给拿破仑提出了一个解决方案：以地球圆周长为参照物，把地球圆周长的四千万分之一定义为1米，那问题不就迎刃而解了吗？毕竟地球的圆周长可是不会变的，以它为参照物全世界人民都能接受。

说干就干，拿破仑派出了两支科考队，去测量地球妈妈的圆周长。由于当时他们已经知道了地球是圆的（地球是圆的这件事情，当时已经通过伟大的航海家们被确认了），所以他们去测的不是赤道的长度，而是穿过巴黎的这条子午线的长度。事实上，牛顿发现，地球不是滚圆的，子午线长度和赤道长度还是有点区别的，赤道的距离会更大一些。只是他们当时认为是一样的。

同时，法国科学院还找到了测量的简便方法，只要分别测出北极点附近一个"纬度"的长度和赤道附近一个"纬度"的长度就可以确定地球圆周长了。简单地说，就是一支队伍奔赴北极，另一支队伍奔赴南美洲的秘鲁。于是，两支科考队就浩浩荡荡地出发了。

虽说是简便方法，其实也困难重重。

去北极的科考队带队的是法国科学院的院长，他有个向导是天文学家摄尔修斯。摄尔修斯的老家就在瑞典北方，即在北极圈附近，所以对去北极较有经验。虽然一路上比较艰辛，但他们还是在两年之后顺利完成了测量工作。

这里顺便介绍一下摄尔修斯，celsius，就是摄氏度的意思。没错，就是他本人发明了温度计并定义了温度，所以后人就用摄氏度作为温度单位来纪念他。

相比之下，另一支队伍就没有那么顺利了。他们的领队是个不靠谱的人，他和当地的土著发生了冲突，以致好几个队员被杀；他的得力干将与土著姑娘私奔，一去不复返；甚至2年后，当考察完成的时候，他还和副领队为了回程路线的分歧大打出手，害得副领队拉康达明走错了路，误入毒虫猛兽遍地的亚马孙森林，差点死在那里。

当拉康达明7年后回到欧洲的时候，他的家人都以为他早就死了，连他的财产都已经被分光了。但是，拉康达明的收获也是巨大的，他沿途搜集了大量的动植物标本，后来工业上最重要的原料——橡胶，也是他第一次带回欧洲的。

总之，历经千难万险后，两支队伍都完成了这一次的测绘任务。

即使在今天，由于地球的海平面不规则，确定赤道的实际周长也并不容易。拿破仑派去的科考队的测量对世界产生了很大的影响。赤道到北极点距离的千万分之一（或者说地球圆周长的四千万分之一）被正式定义为1米，这个精度只比现在的 1 米长了 1.9 毫米，这在当时是相当了不起的。这是许多大科学家心血的结晶。他们将这个单位称之为 mètre（法语），意思是"测量"。同时委员会用铂金棒制作了国际米原器，存放在法国巴黎，作为"米"这个长度的标准。

当然，现在对米的定义又发生了变化。人们发现了光速的秘密，光的速度是 299792458 米/秒。1983 年国际计量大会将 1 米定义为"光在真空中于 $\frac{1}{299792458}$ 秒的时间内所通过的距离"，长度计量的精确度大大提高。

这一讲我们进入了新的板块，关于人类文明对这个星球的探索和发现。这个探索古已有之，埃拉托色尼是最杰出的代表，他在 2200 多年前利用光影实验计算出了地球的圆周长。而对地球高精度的测量则发生在 200 多年前的拿破仑时代，他的出发点其实是为了统一"米"这个长度单位的标准。为了小小的 1 米，科学家们呕心沥血，测量、计算了地球的圆周长。米如今已经成为世界公认的长度单位（除了美国等少数国家），为人们的生活带来了巨大的便利，所以他们的付出是值得的。

生活中，除了长度，还有哪些单位需要统一呢？你知道它们的标准码？下一讲，我们要聊的这位科学家，连语文课本里都有他的故事哦。会是谁呢？

地球妈妈玩漂移

丁老师在留言板里看到了曹春燕同学的留言，这位同学看来是《万物简史》栏目的忠实粉丝，丁老师经常能看到她充满好奇的提问。她说她在小学四年级的语文课本里学到了《两个铁球同时落地》，想知道关于铁球落地实验的更多知识。

我们知道，铁球之所以落地，是因为受到地球的引力，同时根据我们的日常生活经验，我们理所当然地认为重的物体掉落得快，轻的物体掉落得慢，连古希腊时代的大师亚里士多德都是这么认为的，所以，在很长一段时间里，几乎没人怀疑。

然而伽利略通过自己的研究发现，物体掉落的速度与它的重量其实没有关系，影响它们掉落速度的只是空气的阻力而已。这个观点完全颠覆了人们的认知。根据伽利略的理论，别说是大铁球和小铁球，就算是铁球和羽毛从同一高度同时落下，如果没有空气的影响，它们也应该同时落地。

真的吗？这实验还真有人做过。大名鼎鼎的英国广播公司（简称BBC）就做过这个实验，在一个有三四十米高的大房间顶端绑上一个气球和一个保龄球，接着抽干这个房间里的所有空气，然后同时放开两个物体，结果发现它们几乎同时落地。这个视频在网上可以找到，有兴趣的同学可以查看一下。

更经典的是，"铁球落地"这个实验还在月球上被重复过一次。"阿波罗15号"登月以后，宇航员大卫·斯科特走出登陆舱，他将一根羽毛和一把锤子同时放手，由于月球表面不存在气体的阻力，于是两者同时落地。宇航员们通过这种方式向物理学大师伽利略致敬。

今天的主人公你肯定不陌生，他的名字叫作魏格纳，没错，就是小学四年级语文课本中的魏格纳，这位科学家的发现对我们认识地球结构的帮助巨大。今天，丁老师就来详细说说他和他的"大陆漂移学说"。

魏格纳的全名为阿尔弗雷德·魏格纳，他是一名大学教师。话说有一天他感冒了，还病得挺重，不得不放弃工作卧床休息。他躺在床上十分无聊，毕竟当时没有彩电、手机或者iPad，所以他能做的只是盯着天花板发呆，或者是盯着床对面的世界地图发呆，盯着盯着

思索着"大陆漂移学说"的魏格纳

他忽然心念一动，世界地图里一个奇特的现象吸引了他。没错，"大陆漂移学说"马上就要出现了。

丁老师还是要先抽点时间普及一下关于地图的知识。世界地图主要有两种，一种是以太平洋为中心的世界地图，一种是以大西洋为中心的世界地图。我们国家使用比较多的自然是以太平洋为中心的世界地图，毕竟，在这种地图中，中国的位置会相对靠近中心。同样的道理，欧洲国家基本上使用的是以大西洋为中心的世界地图。必须要说明，正是因为魏格纳先生观察的是以大西洋为中心的世界地图，才更容易发生接下来的故事。

此刻，我们充满好奇心的魏格纳先生正盯着墙上那幅老旧的以大西洋为中心的世界地图。突然他发出了一声惊叹："天哪！"他发现非洲那块凸起的"驼背"，刚好塞进南美洲西边的那个凹陷处，看起来这两个大陆就像曾经连在一起，后来活生生被撕裂似的。

这是为什么呢？他脑海里蹦出一个念头：会不会这些大陆原先属于同一块陆地，后来分裂成了几个板块，并漂移到了现在的位置呢？这个观点被他写进

了他的新书里，书名是《海陆的起源》，他还为这个想象出来的联合大陆取了一个名字，叫"泛大陆"。这个观点就是后来名扬天下的"大陆漂移学说"。

然而，没有人相信！

首先，魏格纳提出来的是一种假说，你可以理解成我们科学课堂中的"猜测"环节，就是利用已有的经验，对一些现象做出自己的判断和解释。所以，假说是允许大胆想象、天马行空的。更何况这种缺少证据的假说，很多人都是当成科幻小说来看，作为茶余饭后的谈资而已。而且这样的假说，在魏格纳之前也有人提过，后来就不了了之了。

其次，人们还怀疑他的身份。因为他是一个气象学家（成为地质学家那是后来的事情），他当时的特长是研究蓝天白云、下雨刮风。对于地质学，他其实是个门外汉。在这种情况下，要让一帮地质学家去认同一个门外汉的理论，而且是颠覆性的理论，那是相当困难的。所以，当时的地质学家们不仅不相信，还想方设法地驳斥他的论据，贬低他的见解。

最后，甚至魏格纳自己对假说中的大陆移动也有困惑，找不到合理的解释。比如，根据当时的认识，他无法解释是什么力量驱动了这样大规模的移动。要知道移动的可是山川大海，这需要何等的力量。何况，以山脉的庞大，如果真的发生移动的话，它必然会有壕沟等移动痕迹留下来，而事实上，我们也从来没有见过，不是吗？

魏格纳遇到了巨大的挑战。和前人不同的是，他更富有科学精神，开始搜集资料来验证自己关于"大陆漂移"的假说。他的成果令人振奋。

（1）从山系出发，他发现北美洲纽芬兰一带的褶皱山系与欧洲北部的斯堪的纳维亚半岛的褶皱山系遥相呼应。

（2）非洲西部早于20亿年的古老岩石分布区与巴西的古老岩石分布区遥相衔接。

（3）从生物化石中，魏格纳发现中龙的化石同时出现在巴西和南非的地层中。这可是一种生活在远古时期陆地淡水中的小型爬行动物，它不可能游过大海。同样地，还有一种叫庭园蜗牛的化石出现在大西洋两岸。

当然，魏格纳也是幸运的，新的科学理论不断地发展，证明了他的真知灼见。一位名叫霍姆斯的科学家提出了地球的热辐射理论，他发现地球内部是炙热的，这种热导致了地壳下面的地幔层是液态流动的，比如我们熟悉的岩浆就在那里。这些流动的物质具有巨大的能量，足以推动地壳板块的运动，这对魏格纳的假说是一个巨大的支撑。

再后来，有了卫星，全球定位系统让我们精确地测量出欧洲、非洲正在和美洲发生分离。当然这个分离速度相当缓慢，差不多就是我们指甲生长的速度。人的一生中指甲差不多能长出2米，大陆板块的移动速度差不多也是如此。

魏格纳的假说有了足够的证据支撑，终于被广大科学家们所接受。

当然，魏格纳的假说也有不准确的地方。比如，他认为板块的运动就像木板浮在池塘里一样，随波漂移并相互碰撞或分离。而现在的科学家发现，板块其实更像一条传送带，一头从地底下慢慢浮出新的东西出来，另一头重新卷入到地球内部去，而我们所在的大陆就在"传送带"上面。"传送带"的头，位于大西洋的中间，那里还有一座山脉，一直从北极延伸到南极，是世界上最长的山脉（当然它是在海底下），号称"大洋中脊"，意思是大西洋中间的一根脊梁。那里便是板块运动的起点。而非洲板块和南美洲板块的另一边，便是"传送带"卷下去的那一端，难怪它们曾经严丝合缝，现在却越离越远了。

"传送带"上的大陆

但是，这并不影响魏格纳的伟大。因为科学理论本就是在不断完善和发展的。而由魏格纳创立并由后人完善的近代地球科学理论，对我们认识地球、认识生命世界产生了巨大的影响。这个地球科学理论被认为与达尔文的生物进化论、爱因斯坦的相对论，以及宇宙大爆炸理论和量子论地位相当，是百年以来最伟大的科学进展之一。

小结

今天的主人公是最终成为伟大地质学家的气象学家魏格纳，他生病时突发奇想，提出了"大陆漂移学说"。由于他气象学家的身份，他的假说一开始并不被大家所接受。但在他毕生的努力下，一个个的证据证明了他的伟大，并使他的发现成为百年来最伟大的科学成就之一。

最后，补充一个小知识：在太阳系的所有岩质星球中，只有地球才有板块。为什么会这样呢？科学家也还没有答案，或许，要靠你去解开谜团呢。

尘 埃 落 定

上一讲，我们了解了魏格纳的"大陆漂移学说"。有同学很好奇，地球共有多少个板块呢？

萨维尔·勒·皮雄在1968年将全球地壳划分为六大板块，即太平洋板块、亚欧板块、非洲板块、美洲板块、印度洋板块和南极洲板块，以及20个较小的板块。

因为板块们不"老实"，相邻的板块之间经常"吵架"，彼此经常发生挤压和碰撞，"打"得凶的时候，就会导致地壳短时间内的剧烈震动和变化，地震就发生了。有时候"打"得凶了，还把"血"（就是岩浆）"打"出来。"血"顺着地壳较薄的或者破裂的地方涌出来，就成了火山喷发。

板块里面最喜欢"打架"的就是太平洋板块了，它和周围的板块关系都很紧张，动不动就"打架"，又是地震又是火山喷发。于是，大家就把太平洋板块的周边，称为环太平洋火山地震带，地球上约90%的地震发生在这里。日本列岛、中国的台湾岛就都在这一地震带上，所以常年大小地震不断（小地震我们一般是感受不到的）。日本著名的富士山就是在环太平洋火山地震带上的一座火山。

等等，"环太平洋"这名字是不是很熟？没错

"不受待见"的太平洋板块

啦，有一部电影的名字就叫《环太平洋》，电影讲的是人类研制的大机器人大战怪兽的故事，怪兽就是从环太平洋火山地震带的缝隙中爬出来的，这就是片名《环太平洋》的由来。这是丁老师非常喜欢的电影，后来还出了续篇，非常精彩，感兴趣的同学可以去欣赏一下人类超凡的想象力哦。

今天的主题还是和板块运动有关，那就是我们前面提到的火山。同学们都知道火山喷发的威力巨大。1883年的印尼喀拉喀托火山爆发是近代较大的一次火山喷发，据说它发出的轰隆声在全世界回响了9天，使远在地球另一端的英吉利海峡的海水晃了大半天，它的破坏力可想而知。

任何事情都有它的两面性，火山喷发除了带来灾难，有时也会带来好处，历史上它就为人类保存过珍贵的艺术文明。

古代的文明要被保存下来很不容易，比如伟大的古希腊时代，这是一个文明十分璀璨的时代。阿基米德、埃拉托色尼、毕达哥拉斯……这些名垂千古的大师发现了很多科学和数学的奥秘，他们的成就被记录在古老的羊皮纸上，才流芳百世，为后人所熟知。

古希腊高超的雕刻艺术也有幸被保存了下来，因为石头不容易被风化。很多出土的古希腊雕塑，比如罗浮宫三大镇馆之宝之一的《断臂的维纳斯》，还有出土时震惊欧洲的《拉奥孔》，都是艺术史上的瑰宝。

但有些艺术就没有那么幸运了，比如音乐。古希腊时期没有留声机技术，也没有今天的五线谱来记录音乐，所以，他们的音乐都靠口口相传，爷爷唱给爸爸听，爸爸唱给儿子听，唱着唱着就失传了。直到格里高利教皇发明了记谱法，音乐才被用四线谱记录下来。可是在这以前，很多动听的音乐都已经失传了。

同样不幸的还有古希腊时期的绘画，据说当时的绘画已经到了炉火纯青的地步。相传一位著名的画家画了一名老妇人，因为画得太生动、太传神，他看着就想笑，结果活活把自己给笑死了。为什么用"相传"呢？因为这幅画后来谁也没见过。以前的油彩技术太落后，千百年过后，颜色早已褪尽，所以古希腊的绘画也就这样失传了。

但是一场意外的火山喷发，反倒是让后人再次领略到了古希腊绘画的魅力，这座火山就是号称"欧洲最危险火山"的维苏威火山。维苏威火山位于意大利，离它不远的地方曾有一座非常繁华的城市——庞贝古城，那里气候宜人，物产丰富，当时的繁荣程度仅次于罗马古城。但是，大约两千年前的一个夏天，维苏威火山猛烈爆发，据说岩浆喷射远达

庞贝古城和维苏威火山

几千米，火山蒸气形成的黑云笼罩了大地和海面，炙热的岩浆在18小时内摧毁了整个庞贝古城，火山灰最多处厚达19米，人、动物、建筑都被掩埋其中。

这是一场悲剧，虽然由于此前已经发生了数次地震，很多人已经撤离了庞贝，但是这次火山爆发还是不可避免地带来了死亡。

然而厚厚的火山灰却掩盖住了珍贵的古绘画，这使得千百年后出土时，这些古绘画的颜色依然艳丽如初。

在此之后，维苏威火山依然有频繁的爆发记录（当然没有这一次这么厉害），但是火山附近的居住人口却越来越多，意大利第三大城市那不勒斯离维苏威火山仅有11千米。难道他们傻吗？当然不是。一方面，火山喷发的时间间隔还是相对较长的，人们不相信自己会那么倒霉碰上。另一方面，因为火山喷发而沉积的大量矿物质在风化和分解后融入火山周边的土壤中，所以这里的土壤非常肥沃，成了植物生命所需营养的稳定供应源。那不勒斯地区遍布着葡萄园和其他果园，维苏威火山的山坡上更是盛产一种名为"基督之泪"的葡萄酒，闻名遐迩。

除此之外，火山喷发还会带来其他的益处。

火山喷发为我们带来了各种矿产资源。有一种宝石叫作黑曜石，它就是火山岩浆突然冷却后形成的天然琉璃，可以作为工艺品。黑曜石具备玻璃的特性，敲碎后边缘十分锋利，因此远古时代就被用来做刀、箭头等物品，现代人

丰富的矿产

天然温泉

利用它来制作外科手术刀的刀片。

还有我们熟悉的金刚石（钻石）也和岩浆活动有着密切的关系。

火山喷发创造土地资源。海底火山不时地喷发，凝固成岩石，长期积累，直到冒出海面形成岛屿，著名的夏威夷群岛就是这样形成的。有些岛屿甚至是一夜之间从海底"冒"出来的。

火山周围会有非常丰富的地热资源。像日本、冰岛这些多火山的国家，温泉也非常有名。有些国家甚至灵机一动，用地下丰富的热能来驱动涡轮机发电，为国家提供电力，不仅省钱而且环保，真是一举两得。

小结

　　地球板块的运动不仅造成了大陆的漂移，还可能在短时期内造成地震和火山喷发。伟大的古希腊文明，那些璀璨的文化有些被保留下来，有些则消失在历史中。庆幸的是我们还是看到了古希腊的绘画艺术，却是得益于一场悲壮的火山喷发。原来火山喷发既带来灾难，也带来不少益处。丁老师要告诉大家的是，不仅是火山喷发，任何事物都有它的两面性。世界也不只有绝对的好与坏、对与错。喜欢科学的我们更应该明白这个道理。

此间最高的山峰

又一个暑假过去了。不知道同学们一般是怎样度过暑假的呢？有没有出去旅行呢？有没有去欣赏迷人的风景，听有趣的故事，品尝当地可口的小吃呢？这一次丁老师趁着暑假，去了一趟大西北，收获满满。关于旅途中的见闻，丁老师会在后面的内容中和大家分享。

暑假，总是让人们充满美好的回忆。这一讲的故事，要从十几年前的暑假说起。那一年，中华大地上曾举办过一届举世瞩目的盛会，那就是2008年的北京奥运会。那一年，你可能还很小，或者还没有出生，但你应该在书本或电视节目上见过它。当年的奥运会真可谓盛况空前，人们从五湖四海涌向北京，见证这个历史性的时刻，也一睹运动员飒爽的英姿。而丁老师印象中最深刻的画面，是北京奥运会的火炬接力。

话说，每一届的奥运会，都会有一个火炬接力仪式，从希腊奥林匹斯的赫拉神庙一直传递到奥运会的举办城市。2008年的火炬接力最有创意的地方，便是由中国国家登山队护送，攀上了神圣的珠穆朗玛峰。中央电视台还对整个登顶的过程进行了现场直播，看得电视机前的丁老师心潮澎湃，要知道，那可是奥运圣火第一次登临世界屋脊。

那么，为什么以前的奥林匹克圣火从没到过那里呢？肯定有同学想到了，因为那可是世界海拔第一的高峰，它实在是太高了，要知道它的尼泊尔名字就叫"天空之女神"。它目前的准确高度是海拔8844.43米。

那么它的高度是怎么测出来的呢？毕竟山的高度是不可能用尺子去实地量出来的。

登顶珠穆朗玛峰的奥运火炬

其实，测量山的方法有很多种。

简单的测量方法

1. 几何法

我们前面介绍过古希腊号称"人类历史上第一位科学家"的泰勒斯，他利用几何学的知识，根据三角形的性质和金字塔的影子，就能算出金字塔的高度。这种方法也能用来计算山的高度。泰勒斯测量金字塔的故事网上很容易找到，你可以去参考参考。

2. 烧水法

你没看错，在山顶烧壶水也能测量山的高度。水在海平面高度的沸点是100摄氏度（就是说，水到了100摄氏度才会沸腾），而随着海拔的升高，沸点会有规律地下降。比如到了青藏高原，水在85摄氏度就沸腾了，这时你就能知道，你所在地方的海拔是4500米左右。在珠穆朗玛峰上，约70摄氏度就能让水沸腾。

3. 气压测量法

如果你带上一个气压计，往山顶爬，你会发现随着海拔的升高，气压会有规律地下降。根据下降值你就可以推算出山的海拔高度。

此外，还有水银柱测量法、温度测量法等等。以上几种方法比较简单，容易推算。但是，相对简单也就意味着不是十分精准，误差较大。

精准的测量方法

精准的测量方法主要有两种。

1. GPS测量法

GPS测量法就是利用导航系统GPS来辅助测量，先在山顶上安装接收装置，再进行测绘，精确度很高。

2. 水准测量法

水准测量法利用水准仪来测量，虽然耗时很长，操作烦琐，但它的误差可以控制在每千米0.5毫米以内，精确度非常高。

2005年，中国国家测绘局就是利用水准测量法和GPS测量法二者相结合，测出珠穆朗玛峰的高度是海拔8844.43米，这被认为是迄今为止最准确的测量值。

你有没有发现，在讲到珠穆朗玛峰的高度时，丁老师一直在强调一个词语——海拔。

什么是海拔8844.43米呢？简单地说就是珠穆朗玛峰的顶点高出海平面8844.43米。那为什么要从海平面算起呢？为了比较时的公平。因为地球表面是凹凸不平的，所以从哪里量起就显得尤为重要。而海水是一种液体，能比较均匀地分布在地球表面，而且相互连通，高度差异会比较小。所以，最后大家一致同意，以海平面为基准点。

还是要补充一句，事实上，受到地球地形和自转的影响，哪怕不考虑潮起潮落，世界各地的海平面其实也是不一致的，最大的落差可以达到100多米。所以，很多国家都有自己的海平面标准，比如我国的海平面就是以山东青岛为水准原点。以后你就知道了，中国所有地方的海拔高度都是从青岛的海面开始量起的，珠穆朗玛峰当然也不例外。

世界第一高峰

有没有同学思考过这样一个问题：如果，不是从海平面量起，那珠穆朗玛峰还是世界第一高峰吗？

还真不是。

要知道，珠穆朗玛峰之所以能高到8844.43米，是因为它本身就站在"巨人"的肩膀上，这个"巨人"的名字就叫青藏高原，青藏高原的平均海拔在4000米以上，而大名鼎鼎的泰山主峰海拔只有1500多米，青藏高原上随便堆一个小土包，"身高"就是泰山的两倍多。

如果把青藏高原挪开，仅从山脚量起的话，珠穆朗玛峰差不多就只有3500～3700米的相对高度。这样一来，竞争对手就有机会了。

在美国，就有一座德纳里山，它的海拔高度是6193米，被认为是北美洲的第一高峰。听起来它似乎比珠穆朗玛峰低许多，但是它可是从海拔几百米处拔地而起的，相对高度接近6000米，若从山脚仰望，应该比珠穆朗玛峰还要壮观。

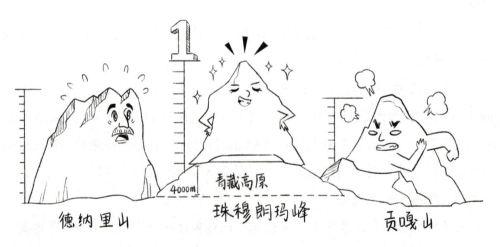

珠穆朗玛峰VS德纳里山VS贡嘎雪山

以相对高度为标准，还有一个强有力的竞争者，它就是位于中国四川的贡嘎山，被称为"蜀山之王"，它的海拔高度达到了7556米。离它不远的地方有一条著名的河——大渡河,《飞夺泸定桥》的故事就是发生在这条大渡河上。如果把大渡河作为贡嘎雪山的山脚,那么它的相对高度就达到了6200米,这个相对高度真是难逢敌手。

以上说到的都是陆地上的山峰,如果把海里的山体也列在内的话,一个相当霸气的竞争对手就出现了。那就是位于夏威夷群岛的一座火山,名为冒纳凯阿火山。别看它的海拔高度只有4205米,不到珠穆朗玛峰海拔的一半,它可是从近6000米深的太平洋底部直接冒出来,它的相对高度达到了惊人的10203米。

还有一位特殊的竞争者,那就是南美洲厄瓜多尔的钦博拉索山,它也是一座火山,海拔6272米,连世界前十都挤不进去。但是它的位置太特殊了,正好位于赤道的附近。要知道,地球是一个不规则的球体,赤道的位置微微鼓起,两极略扁。所以,钦博拉索山的山顶,是离地心最远的地方,比珠穆朗玛峰还远了约2千米。

所以,如果你想成为地球上站得最高的人,就要去珠穆朗玛峰,但是你想要去离地心最远的地方,那钦博拉索山的山顶就是你的目的地了。

正当地球上的山峰为了世界第一争得热火朝天的时候,遥远的天际传来一阵"呵呵",抬头一望,月球第一高峰正"仰天而笑",此山名为莱布尼茨山,高9000米以上(以月海平原为基准,数据存疑)。别看月球只是我们的小兄弟,家里住的可是大个子。

火星上的奥林匹斯火山,名气就更大了,它的高度超过了21000米(以火星大地水准面为基准),比珠穆朗玛峰高出了很多,是人类已知世界的第一高峰。而且它的面积十分巨大,它有将近大半个法国领土那么大的面积,令人很难想象,这仅仅是一座山。

但是,山外有山,天外有天。即使在太阳系内,人类的探索范围也极其有限,随着科技的发展,未来我们肯定还会发现更多更高的山峰。

小结

我们从珠穆朗玛峰开始讲起，了解了测量山峰高度的方法，以及测量的标准——海拔高度。但是，当我们试着用不同的标准——比较它们的高度时，我们会发现，不同的标准下会有不同的"冠军"，所以，我们以后在介绍珠穆朗玛峰时，一定要在第一高峰前加上"海拔高度"这四个字，同时，还要说明，这只是地球上的选拔而已。

聊完了最高的山峰，下一讲，就要说一说最深的海了。你知道世界上最深的海在哪里吗？深海里又有哪些生物呢？我们的"蛟龙号"为什么要去探索深海呢？我们下一讲见分晓。

挑 战 深 渊

上一讲，我们说到了世界上最高的山峰，了解了"海拔"的概念以及如何测量山峰的高度，也知道了在不同的参考标准下，世界上的最高山峰也是各不相同的。那么丁老师要问了：世界上最深的海在哪里呢？这个答案到目前为止还是唯一的，那就是著名的马里亚纳海沟。

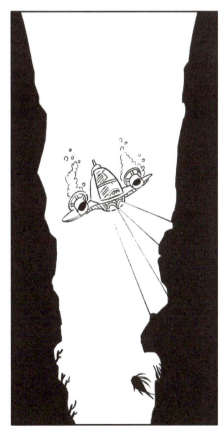

马里亚纳海沟位于菲律宾东北、马里亚纳群岛附近的太平洋底。马里亚纳海沟的深度达到了惊人的11034米（*存疑*），这是一个什么概念呢？就是你把整个的珠穆朗玛峰扔下去，它也会被"淹死"。它最深的地方叫作"挑战者深渊"，这个名字来自它的发现者。1951年，英国皇家海军的一艘军舰最先发现并测量了海沟，因此，最深处便以军舰的名字"挑战者"来命名。

虽然名为"挑战者深渊"，但事实上，敢于挑战它的勇士可谓凤毛麟角。要知道，伴随着人们挑战极限的欲望，即使像珠穆朗玛峰这样的世界海拔之巅，如今登顶的人数也已经超过了4000人，还有超过500人进入过太空，甚至有12人到达过月球。

抵达"挑战者深渊"

顺便开一个小小的脑洞。我们平时乘坐航班的时候，飞机基本上都是穿行在大气层中的平流层，那个气流最平稳的区域距离地面大概有1万米。这意味着，几乎每一个坐过飞机的小朋友，你都跨越过珠穆朗玛峰的高度哦。

但是，到达过"挑战者深渊"的人仅仅只有4个，这数量比登月的人数还少。

深海潜航的困难

丁老师认为深海潜航的难度会这么大，主要有两个原因。

1. 黑暗

阳光通常只能到达海面以下100米左右的深度。再往下，人便会被笼罩在无尽的黑暗之中，于是，心理上会十分压抑和恐惧，这就是深海恐惧症。

2. 水压

即使你内心足够强大，能克服心理上的障碍，还有一个更大的困难等着你，那就是水压（水的压强）。别看平时的流水柔若无骨，但是随着海水深度的增加，这种压强会大到惊人。当你到达水下500米深度时，水压便会让你感觉像是有一头北极熊趴在你身上。可想而知，11000米左右深的地方水压会有多么吓人，那里的水压可以达到1100个标准大气压，几乎如同一架载满乘客的大型客机直接压在你身上。在那里，生活中使用的钢板就跟鸡蛋壳一样脆弱，任何一个小意外都可能让你永远葬身海底。

所以，人类历史上仅有3次到达过马里亚纳海沟的底部。

"的里雅斯特号"

第一次成功下潜，离现在已经过去了半个多世纪。1960年1月，瑞士著名深海探险家雅克·皮卡德与美国海军中尉唐纳德·沃尔什乘坐美国海军"的里雅斯特号"潜水艇进行了挑战，潜水艇最终成功到达了10916米的海沟底部，了不起的是，这个深度保持了人类深海潜航的世界纪录近70年（2019年4月美国探险家维克多·维斯科沃打破该项纪录）。

当然，当时下潜的过程可谓惊心动魄。"的里雅斯特号"依靠自身的重力慢慢往下沉，他们花了近5小时才接近海沟底部，当他们潜到9781.5米的深度时，潜水艇发生了剧烈的震动，一块厚达19厘米的舷窗玻璃开始出现裂痕。在这样的深度，这可是致命的隐患。但雅克·皮卡德不愿放弃这次难得的机会，最终完成了挑战。当然，他们只逗留了20分钟就被迫上浮。他们上浮的方式，就是抛掉潜水艇舱内的大铁球，通过减轻舱体重力来实现上浮。这个知识我们在小学五年级科学《沉和浮》单元里就学过，物体体积不变，重力减小，就容易浮，大探险家用的正是我们熟悉并掌握的原理。

他们的收获不仅仅是10916米的深海潜航世界纪录。他们还惊奇地看到一条鱼和一只虾在他们眼前优哉游哉地游过。在那个深度还有生命的存在，这令他们叹为观止，世界真是太奇妙了。

"深海挑战者号"

52年后，又一位挑战者在历经了7年的准备之后出发了。这位挑战者便是好莱坞大名鼎鼎的导演卡梅隆，他拍过很多经典的电影，有《泰坦尼克号》《终结者》《真实的谎言》《阿凡达》等等，他还把他挑战马里亚纳海沟的过程拍成了纪录片，名字就叫《深海挑战》。他本身就是一个深海潜航爱好者，拍《泰坦尼克号》时，他就下潜过12次去拍泰坦尼克号的沉船，那里深达3800米。当然，与挑战马里亚纳海沟这样载入史册的壮举相比，就小巫见大巫了。

2012年3月，卡梅隆乘坐他的"深海挑战者号"潜水艇出发了，这是一艘单人直立式深潜器，它的性能自然要比"的里雅斯特号"先进了许多，只用了2小时多便到达了海沟底部，此时深度显示是10898米。按照计划，他在海底进行了一系列的科学考察。但是他发现深潜器有漏油的情况，所以在3小时之后便开始了上浮。有趣的是，"深海挑战者号"的上浮方式还是和"的里雅斯特号"一样，往外扔大铁球。最终，卡梅隆成功完成挑战。事后检查发现，原来是机械臂出现了油料泄漏，还好没影响到深潜器的航行。但那水压确实是够吓人的，这么坚固的深潜器，被压短了足足7厘米。可见如果没有高科技的助力，人类想实现一探深渊是万万不可能实现的。

"蛟 龙 号"

说到当代顶尖的深潜器，当然不能不提中国的骄傲"蛟龙号"，目前它的下潜作业的深度纪录是7062米。你可能会觉得这个深度离"深海挑战者号"还有一段距离。但事实是，"深海挑战者号"仅仅是一种探险型深潜器，作用范围非常有限，使用的成本也非常高。而"蛟龙号"是一种作业型深海载人潜水器，能克服重重环境困难和技术困难而进行深海探索。

我们知道海洋是充满无限可能的宝库，蕴藏着丰富的资源，比如海洋中锰结核、钴结壳、可燃冰等资源是陆地资源储量的成百上千倍。而"蛟龙号"就是我们的探宝先锋。7062米深的下潜能力，也就意味着它能到达地球上99.8%左右的海域进行作业，这个覆盖面相当大，我们完全可以引以为傲。

实际上，目前世界上可以到达海底进行工作的深海作业型潜水器屈指可数，如美国的"阿尔文号"、法国的"鹦鹉螺号"、俄罗斯的"和平号"和日本的"深海6500号"，还有我们的"蛟龙号"。

"海 斗 号"

那么，中国有没有能下潜到万米的潜水器呢？有！它就是"海斗号"，全称是"海斗"自主遥控水下机器人，潜水深度10905米，这也是在马里亚纳海沟创造的深度纪录。相信它和"蛟龙号"一起还会为我们带来更多的惊喜。

"海斗号"

小结

　　这一讲我们认识了马里亚纳海沟，这片世界上已知的最深的海域。受到黑暗、低温和高水压的限制，人们对这片海域充满好奇，同时也望"沟"兴叹。从发现海沟至今，仅有4人成功下潜到底部。

　　最后，补充一个小知识：无论是高耸的珠穆朗玛峰还是深邃的马里亚纳海沟，它们的高度和深度对于地球的半径来讲，其实都是微不足道的，因为洋面到地心的距离是6378千米。这是什么概念呢？如果我们把地球缩小到篮球这么大，那么珠穆朗玛峰和马里亚纳海沟的起伏，还不如篮球上的小胶粒明显。由此，你可以知道地球的巨大，以及人类的渺小。

　　地球还有无数的奥秘等着我们去发现，我们下一讲继续来讲述。

谜 之 地 心

深邃的马里亚纳海沟令人望而生畏，仅有寥寥数人凭借过人的胆略，在科学技术的护佑下才得以一探深渊的真面目。不过和本讲的"主角"相比，马里亚纳海沟至少还有一探的可能性。而本讲的"主角"却从未允许人类窥视它的真容，它真实的模样至今仍是谜一样的存在，令无数科学家深深为之着迷，为之探索，也为之无奈，它便是地球的内部——地心。

从古至今，人们坚信，大地之下必有乾坤。因为温泉、火山和地震都在告诉我们，这个星球的内部一定是有着与地面不一般的模样。有什么呢？这是个谜！

围绕这个谜，古人很早就曾展开了想象。

中国神话说，地下有阴曹地府，阎王爷领着牛头马面住在那里，掌管着人间的生死。

希腊神话说，那里是大地女神盖娅的领域，里面还有一个得罪宙斯的巨人，被宙斯封印在大地之中，当巨人在里面觉得难受开始挣扎的时候，就会有地震发生。

描绘最细致的，应该是凡尔纳的小说《地心游记》，书中的主人公——地质学家黎登布洛克教授带着他的侄子阿克塞尔和向导汉斯，通过冰岛的一个火山口进入地球的内部去探险。那是一个完全不同于地面的世界，有海，有巨型的生物，甚至还有古人类的遗骸。凡尔纳绘声绘色地为大家勾勒出一个神奇的地下世界，导致有一部分人至今还是相信，在地球的两极有通往地心的秘密通道，只要找到通道的入口，地心神奇的世界就会拥抱我们。

《地心游记》和《海底两万里》《飞向月球》《八十天环游地球》一样，都是科幻小说的经典之作，推荐给大家。

时至今日，科学的发展令凡尔纳笔下很多的科幻故事变成了现实。我们可以"上九天揽月，下五洋捉鳖"，环游世界根本不用"八十天"。

可是，对于地球内部究竟是怎么样的这个问题，科学家说：很遗憾，我们仍然不知道。我们可能比古人多了解和掌握了一些信息，但是本质上，还是在猜。因为，地球内部，谁也没真正见过。

难道就不想想办法吗？办法倒是一直在想。

1. 挖洞

最简单粗暴的方法就是挖洞。这项技术古已有之。丁老师小时候，每家每户门口都会有一口井，但是井最多也就是几十米深，人们仅仅是获得了地下水。洞太浅。

后来为了开采石油，人们在油田里钻油井。那井就深了许多。一般的有3000～5000米。深一点的，比如我国塔里木油田的油井深度超过8000米，卡塔尔的阿肖辛油井深12289米，库页岛的Odoptu OP-11油井深12345米。最牛的是苏联（现俄罗斯境内）的科拉超深钻孔，垂直深度12262米。说它牛，不仅仅是它垂直深度很深，更是因为苏联钻这口井的目的很牛，别人钻深井是为了挖石油赚钱，而他们目的据说很单纯，就是为了挖世界最深的洞，就是那么任性。当然这么做也是有原因的，我们后面再讲。

为了让你知道，人类到底已经挖得有多深，丁老师现在来科普一下地球内部的知识。其实在《尘埃落定》一讲里，丁老师已经略有提及。科学家认为，地球分为三层，由外向内，分别是地壳、地幔和地心。你可以把地球想象成一个大鸡蛋，那么地壳就是蛋壳，地幔就是蛋清，地核就是蛋黄。最薄的"蛋壳"厚约33千米。如果利用科学上同比例缩小的方法进行比较，那么，地壳的深度相当于人类要绕着标准田径场跑825圈，而跑得遥遥领先的俄罗斯人目前也只是跑了30圈，离目的地还远着呢。别忘了，这"825圈"还只是最薄的地壳的厚度。越靠近地心温度就越高，地心温度可以达到5000摄氏度，接近太阳表面的温度。

既然，洞挖得这么浅，那关于地心的知识科学家们是怎么知道的呢？

2. 利用火山

第二种办法，利用火山。岩浆就是来自地球内部的信使，给我们带来一些内部的信息，当然还有很多内部的宝藏，比如钻石。钻石要在高温高压下才能形成，所以天然的钻石在地球表面是无法形成的，它在地球内部成形又随着岩浆活动被送到地面。但是很明显，火山带来的信息还是很有限的。

3. "拍西瓜"

第三种方法就有些传奇色彩了，这种办法的灵感据说来自买西瓜。地震学家莫霍洛维奇一直致力于对地球内部的研究。相传有一天他上街买西瓜，受到了启发。你有过买西瓜的经历吗？小贩把西瓜放在耳边，用手轻拍西瓜，通过瓜里传出来的声音就能辨别这个西瓜的质量好坏。莫霍洛维奇站在小贩边上看着他挑西瓜，顿时灵感迸发，心想：要是有一双"大手"去拍地球，通过回声，是不是也能知道地球内部的情况呢？这个方法的关键当然就是找到这么一双足够大，大到能把地球当西瓜拍的"大手"。后来，还真的被他找到了，那就是地震波。地震发生时，会产生地震波。莫霍洛维奇发现地震波从地下向地上传播时，其中一个界面会出现明显的速度变化。造成这个现象的原因是这个地方为两种不同物质的分界处，没错，这就是"蛋壳"（地壳）和"蛋清"（地幔）的分界面。后来，这个分界面就以莫霍洛维奇的名字来命名，叫作莫霍界面。

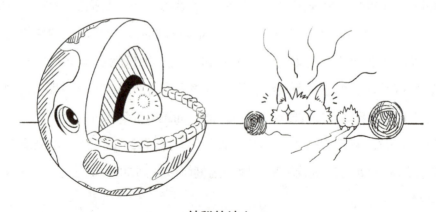

神秘的地心

1914年，又有一个名为古登堡的科学家继续"拍西瓜"，他综合了世界上更多国家的更多地震波信息，发现了"蛋黄"（地核），并发现了"蛋清"（地幔）和"蛋黄"（地核）的分界面，这一界面被称为古登堡界面。后来又有一个科学家在地核内发现了另一个界面，所以又把地核分成了外核和内核。

最后，我们再回过头来说说科拉超深钻孔。

如果说，地球是一个班级，那苏联和美国就是当时班上的两名超级"学霸"。有一段时间，这两名同学的关系特别糟糕，谁都看谁不顺眼，袖子已经撩到了胳膊肘上，像是随时都要打起架来。那段时间被人们称为冷战时期，又叫作美苏争霸时期。

冷战期间，两名"学霸"拼命竞争。你研制M16，我就来一把AK47；你造一个原子弹，我就来一个氢弹；你潜到马里亚纳海沟，我就送宇航员上天；你拿出大功率火箭，我就搬出航天飞机：可谓全方位无死角大PK。

挖深井比赛就是在这样的大背景下开始的。

1957年，美国人最先提出来要挖一口深井，目标是直达莫霍界面。他们把地点定在了墨西哥湾的大洋底部，因为大洋底部的地壳更薄一些。

后来苏联人一听就来劲了，他们抱着直接挖穿地心、挖到美国老巢的决心就动工了。这个项目耗资极其巨大。围绕这个工程，他们还建起一座城市。据说参加这个科研项目的工作人员待遇非常优厚，每个人可以分到一套位于首都莫斯科的公寓，他们的月工资可以达到大学教授一年的工资。可见，苏联对这项工程的重视。

1983年，该井深度顺利到达了12000米。但是，接下来的十年，它们只下挖了262米，因为越往下，高温、高压和其他困难接踵而来。12262米成

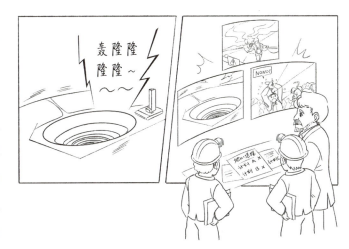

钻井作业

了当时人类探索地下世界的极限。

两个项目后来都停工了，因为深挖下去成本远超预算，目标又遥不可及。但很显然，最终深挖工程苏联要比美国坚持得更久，挖得更深。

现在虽然科拉超深钻孔已经被弃用，但它是苏联继苏联空间站和深海勘探船之后的第三大科研成果。

小结

这一讲，我们把目光投向了地球的内部，那是一个令古今中外无数人不断想象，拼命探索，却始终是一个谜团的地方。人们通过挖深井、研究岩浆成分以及利用地震波测量的方式，来丰富自己对地球内部的认知。但是艰难的过程，让人们意识到，探索脚底下的土地远比探索头顶的天空更艰难。

此刻书本前的你认为地球内部会有什么呢？你认为有地心人和其他神奇的生物存在吗？

大地的"皮肤"

　　了解了高耸入云的山和深达万米的海，我们不禁感叹大自然赋予的神奇。不过，这些神奇似乎离我们普通人有点距离。今天我们要来聊聊一种近在身边的宝贵资源，它看起来毫不起眼，却又无比珍贵，那就是土壤。

　　我把它叫作大地的"皮肤"，这个说法其实不是很准确，如果把岩石层看成地球的皮肤可能更精确一些，毕竟，土壤对于地球来说实在是太薄了。但要是从作用上来说，土壤对于生物来说，其重要性一点也不逊色于皮肤对人类的作用，真的是太重要了。

　　丁老师对土壤的好奇，源自一次暑假的旅行。丁老师那次到了甘肃的张掖，一个拥有迷人地貌的地方。在张掖丹霞地质公园里，山是五颜六色的。

　　你可能会奇怪：什么？五颜六色的山？

　　你可能会说：我们这里的山是绿色的，覆盖着厚厚的植被；寸草不生的山坡可能是黄色的；雪山是洁白的；火山可以是褐色的；居然还有五颜六色的山？

　　没错，真有。

　　阳光好的时候，丁老师站在观景台上放眼望去，第一感觉：哇，五花肉！因为那里山的颜色是一层层夹杂在一起的，太神奇了。再仔细看，不对，五花肉哪有那么斑斓的色彩。阳光照耀之下山坡的颜色丰富极了，就如同颜料调制出来似的，美轮美奂。

　　张掖丹霞地质公园给丁老师留下深刻印象的，除了色彩斑斓的山脉，还有那里的人们对大自然的爱护。公园很大，各个景点之间会有大巴车来接送游客，司机很友好，一路给我们介绍景点的情况。道路上也有步行的游客，两边都设置了隔离带，目的是阻止游客翻越隔离带进去拍照。但是仍有不守规矩的游客，翻越栅栏试图到山坡上去合影，此时，原本友善的司机就像变了个人似的，停下车摇下窗探出身子，冲着那些踩进景点的游客破口大骂，一直骂到他们灰溜溜地跑出来。

后来啊，司机师傅告诉我们，这里之所以有这样的美景，是因为它属于丹霞地貌，红色砂岩经长期风化剥离和流水侵蚀，再加上丰富的矿物质所形成的特殊的色彩，它表面所形成的土壤也拥有了这些物质的颜色。但是这样美丽的土壤，其形成却十分困难。由于砂岩抗风化的能力特别强，岩石出现风化的痕迹需要将近200年，面积如游人脚印大小的土壤不知道要多少年才能修复，因此极其珍贵。

其实，珍贵的岂止是张掖丹霞地质公园的土壤。我们身边那些不起眼的土壤同样来之不易，无比重要。

土壤的"生"和"死"

土壤的"生"和"死"

土壤是岩石的后代，主要是由岩石风化形成的。形成土壤的岩石风化后形成的疏松碎屑物被称为土壤母质。我们都知道岩石是各种各样的，所以各个地方的土一"生"下来就是有差别的，再加上后来长在它上面的动植物的不同，和气候、地形的不同，导致"长大"后的土壤更是"肤色"各异，土质特点也是相差悬殊，比如东北的黑土、云南的红土、陕西渭河平原的褐土……简直比人类的肤色还要丰富。但是有一点是相同的，它们的形成都需要漫长的时间。土壤科学家告诉我们，从岩石的风化开始到形成1毫米厚的土壤，需要1万年左右的时间。

土壤也会"死亡"，这不是指人为破坏的"死亡"，而是指自然状态下的土壤的"死亡"。在风、流水的作用下，一部分土壤的颗粒会被送到地层的下部，受重力影响而被压结实、变质，重新成为岩石。因为由泥土变化而来，这种岩石就被称为泥岩。

土壤的精华

土壤是一种混合物，里面包含了沙子、黏上、水、空气、矿物质和腐殖质等物质。其中，腐殖质是土壤中最宝贵的成分。

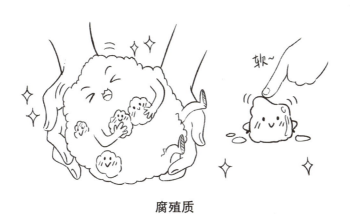

腐殖质

首先，腐殖质是落叶以及小动物尸体等有机物，被微生物分解后形成的胶体物质，这里面包含了碳、氢、氧、氮、硫、磷等元素和几种酸性物质，这些元素是植物特别喜欢"吃"的营养物质。植物在"喝水"的时候就能把这些营养物质一同"吃"进体内，以促进自己的健康成长。那些腐殖质特别丰富的土壤，就被我们称为肥沃的土壤，在那里植物能长得特别好。东北的黑土地之所以黑，其中一个重要的原因就是含有大量的腐殖质，所以你看东北就是中国重要的产粮基地，东北大米家喻户晓。而植物死去，又会"化作春泥更护花"，让这些营养物质重新回归大地，循环往复。

其次，腐殖质是一种胶状的物质，它能让土壤更有黏性，可以让土壤拥有更好的吸水能力和保肥能力，让土壤结构更加稳定。

最后，由于腐殖质一般是深色的，深色的物体更容易吸收热量，所以，腐殖质还有助于提高土壤的温度，让生活在里面的小动物和微生物们在地下也能享受阳光的温暖，不至于太过阴冷。

所以，腐殖质是土壤的精华所在，相当的重要。

"被人吃过的土"

古代吃观音土的灾民

讲了好看的土，有用的土，我们再来说说曾经"被人吃过的土"。很奇怪吧，土怎么能吃呢？这种土的名字为观音土。观音是慈悲的化身，可见人们对这种土的感情。

在古代，发生天灾的时候往往就会闹饥荒，人们常常希望靠吃观音土活命。这种土确实可以充饥，让人有饱腹感，但它不能被人体消化吸收，吃了以后会引起腹胀、便秘，少量吃不致命。尽管吃了不会觉得肚子饿，但由于没有营养又会引起不适，所以显然它不能真的让人当饭吃。饥荒年代因吃观音土而腹胀如鼓，无法排便，活活憋死之人不计其数。

观音土其实是一种黏土，学名为高岭土，是极为重要的瓷器制作原料之一。景德镇的瓷器闻名世界，就是依赖于它的周围有一座高岭山，那里就盛产高岭土。

这一讲的话题从张掖的丹霞地质公园开始说起，那里有"色彩斑斓"的山脉，丰富的色彩是由组成它的砂岩及其风化成的土壤决定的，那里的人们非常珍惜他们拥有的宝贵资源。然后我们谈到了土壤的"生"和"死"，讲到了土壤中的精华腐殖质以及它的作用。最后我们讲到了观音土，它虽然没能成为救人一命的圣物，却成就了景德镇"瓷都"的美名。土壤看似平淡无奇，但是对生物而言却是弥足珍贵的资源。

可悲的是，我们对土壤的保护还远远不足，以致耕地减少、土地荒漠化，从而影响我们的生存环境。让我们重新认识土壤，珍爱土壤。

下一讲开始，人类好奇心可是要"乘着火箭"飞出地球了，一个全新的视野在等待着我们。

从"魔鬼"到"信使"

前面我们围绕着人类对地球的探索展开讲述，从这一讲开始，我们要飞向更为浩瀚的太空一探究竟。

其实，对于人类的历史来说，"飞向太空"并不是一个很长的故事，整个历程满打满算不会超过80年，与人类300万年的历史相比，简直是沧海一粟。但是，这个故事的精彩程度却不逊于任何一个神话。甚至，在丁老师看来，这段历程，一定会成为人类文明的重要组成部分。精彩的故事即将展开，你准备好了吗？

"魔鬼"的故事

人类探索宇宙的历程从一项"魔鬼"般的发明开始，它的名字叫作 V-2 火箭。

故事从1944年6月6日说起，美国的艾森豪威尔将军指挥反法西斯盟军在法国的诺曼底登陆，这场战役结束之后，纳粹德国开始节节败退，离最终的战败已经为期不远，在战争中饱受德国空军袭击的英国人终于松了一口气，太平日子就快要到来了。

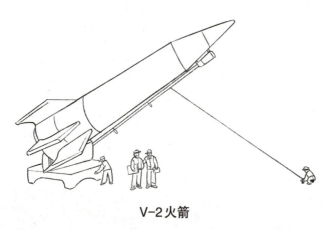

V-2火箭

然而，1944年9月8日，

比和平更早到来的却是一个庞然大物，它带着一吨重的炸药从天而降，落在了伦敦郊区，直接炸死 3 人，炸伤几十人。与往常的轰炸不同的是，英国的空军部队既没有看到轰炸机更没收到防空警报，甚至在爆炸发生以后，人们才听到空气中传来炸弹的呼啸声，因为它实在是太快了，飞行速度达到了声音的 4 倍，英国的防空火力根本无法拦截。

这个大杀器便是 V-2 火箭（德国当时称为飞弹）。约有 2 万名奴工死在它的生产线上，还有成千上万的人在它的袭击下死亡，成千上万的建筑物因它而倒塌。直到反法西斯盟军摧毁了这个火箭的发射基地才结束这场噩梦。艾森豪威尔将军甚至表示：如果 V-2 火箭早出现 6 个月，德军完全有反败为胜的可能。

于是，拥有称霸世界梦想的两个"学霸"美国和苏联，都想去抢夺这件"超级神兵"。当时战争尚未结束，双方都派出了特种部队去寻找包括 V-2 火箭在内的德国尖端武器及其制作技术。

但两个国家的思路不太一样。苏联人看中的是德国精密的仪器设备，他们翻遍了德国的工业区，运气不错，捡到了几枚 V-2 火箭（也有人说捡到的只是外壳）和一堆的设备，一股脑儿运回了苏联。

而美国人更为精明，他们看中的是德国的人才。1945 年，一个特殊的调查团进入还处于战争之中的德国，带队的队长其实不是军人，而是大名鼎鼎的科学家西奥多·冯·卡门，他是"美国航空之父"。调查团里还有一位重量级的人物你一定认识，那就是后来成为"中国导弹之父""中国航天之父"的钱学森，中国载人航天的奠基人，他的祖籍是浙江杭州的临安，当时他的身份还是冯·卡门的学生，跟着老师一起跑到了德国。最终，他们找到了德国 V-2 火箭的总设计师沃纳·冯·布劳恩，并偷偷地把他带到了美国。为什么要偷偷地呢？因为按照当时的规定是不能与战犯合作的，毕竟他的 V-2 火箭杀了那么多人。此后，冯·布劳恩一直为美国效力，美国登月用的"土星 5 号"就是由他设计的，他为美国的航天事业的发展做出了巨大的贡献，被称为"美国航天之父"。

回头去看，当时真的很有意思，"美国航空""中国航天"和"美国航天"三位未来重量级的"父亲"就这么在德国聚首了。

在德国聚首的三位重量级"父亲"

穿插一个小知识：航空和航天的区别在哪里？简单来说，航空是指地球大气层中的飞行活动。大气层与太空的分界线被称为卡门线，海拔高度为100千米。超过卡门线就进入了太空，普通飞机在那里无法正常飞行，在那里的特殊飞行活动就是航天。具体来说，你乘坐客机旅行，就属于航空，而把卫星发射到轨道上，就属于航天。为什么这条分界线叫卡门线呢？没错，因为是西奥多·冯·卡门算出来的。

"比赛"开始

后来，战争结束，美国和苏联的冷战拉开了帷幕。什么是冷战我们在《谜之地心》里已经讲过，当时双方的竞争趋于白热化，什么领域都想比个高低。

双方一面在努力提高自己的技术水平，另一面又想要及时了解对方已经发展到了什么程度，所以经常要去"偷看"（侦察）对方的动态。

在这一点上美国是有优势的，他们的军事技术要高于苏联，他们所研制的 U-2 侦察机，人送外号"蛟龙夫人"，性能非常出色，飞行高度达到了21336米。这个高度有多了不起呢？反正苏联当时最先进的战斗机——米格-17只能飞14000米左右的高度。于是，U-2 就能悠然自得地在高空俯视苏联的行动。

这还得了，于是苏联的高级工程师们纷纷来献计策。苏联的航天学家科罗廖夫（被称为"苏联航天之父"）向当时苏联的最高领导人赫鲁晓夫提出了制造和发射人造卫星的建议，他告诉赫鲁晓夫，只要把人造卫星发射到太空，卫星就能在空中监视对方的军事行动，源源不断地将地面上的高清图片发回，以掌握美国的一举一动。

"1：0"

苏联人说干就干，1957年10月4日，人类历史上的第一颗人造卫星"斯普特尼克1号"发射成功。这下可把美国人惊呆了，他们一直认为自己在火箭等航天领域上的技术领先于苏联，他们坚信自己的国家会成为第一个成功发射人造卫星的国家，没想到冷不丁就挨了苏联一记重拳。

其实，苏联人在这件事上耍了点小聪明。当时苏联的火箭技术虽然已经成熟，但是卫星技术根本达不到科罗廖夫所设想的标准。为了能成功发射，苏联人把"斯普特尼克1号"从2吨重减到83.5千克（相当于从一辆越野车的重量减到了一台冰箱的重量），所以功能一减再减，极为简单，根本监视不了美国。

但是，全世界人民不了解这些，大家只看到苏联在航天领域以"1：0"领先了美国。于是，"学霸"苏联获得了如雷般的掌声。"学霸"美国面红耳赤，决定卧薪尝胆。

"2：0"

但是苦胆还没尝，柴堆还没躺，又一记重拳迎面而来。1961年4月12日，苏联居然把人送到了太空，尤里·阿列克谢耶维奇·加加林的名字响彻寰宇，他成为第一个进入太空的人，他用1小时48分钟的时间绕着地球飞了一圈，实现了全人类的宇航梦想。

这次，似乎不能怪美国航天局不努力，他们其实早早就制定了"水星计划"，打算比苏联更早地把人送入太空。在1961年初，NASA（美国国家航空航天局）成功将一只萌萌的小黑猩猩汉姆送上太空，并将它活着带回地面。这

行走在太空的列昂诺夫

也是各国宇航局普遍实施的实验，先将动物送入太空，以确认太空环境对人体的安全性，并采集足够多的数据为载人飞行做准备。美国宇航局严格执行了这个流程，在确认黑猩猩健康的情况下，依然花了很长的准备时间来保证高成功率，毕竟当时火箭发射的失败率还是挺吓人的。

而苏联向太空送出的是一条名叫莱伊卡的小狗，但它没能活着回到地面。可是，"学霸"苏联"胆识过人"，依然坚定地把加加林送入了太空，从而又一次在与美国的太空竞赛中获得了胜利。而美国把宇航员送到太空的时间，虽然仅仅比苏联晚了20天，但还是迟了。

你听说过艾伦·谢泼德吗？相信绝大多数人都没有听说过。事实上，美国的艾伦·谢泼德可是第二位进入太空的宇航员，但名气却远远不如加加林。这就是第一名和第二名的区别。

苏联航天以"2：0"领先于美国航天。

"3：0"

比赛还没有结束，1965年3月18日，苏联宇航员阿列克谢·阿尔希波维奇·列昂诺夫乘坐"上升2号"飞船进入太空，并在舱外活动了24分钟，系安全带离开飞船达5米，成为世界上第一位在太空行走的人。美国人又落后了。

苏联航天以"3：0"领先于美国航天，美国在人类航天的起跑阶段完败。

小结

　　这一讲，我们从 V-2 火箭这个"魔鬼"谈起，在二战之后它成了人类探索太空的重要工具，V-2 火箭的发明者冯·布劳恩更是成为"美国航天之父"。随后苏联和美国两个"学霸"展开了激烈的太空竞赛，在起跑阶段美国完败。

　　但是，美国并没有停下追赶的脚步，他们决心用一个更宏伟的计划，来实现自己的反超。这个计划被命名为"阿波罗计划"，他们的目标是登陆月球。如果你想了解登月的过程，那就让我们相约下一讲吧。

登 月 前 奏

美苏两个超级大国在太空领域"大打出手",可是,结果令人大跌眼镜,原本信心满满的美国在"初赛"中一败再败,脸面丧尽。为了扭转颓势,肯尼迪总统大手一挥:10年内,我们一定要登上月球。

人类历史上最浩大的工程之一——"阿波罗登月计划"(又称阿波罗工程)拉开帷幕。

为什么美国人要选择登月?

首先,当然是因为怄气。前面我们就说过,冷战期间美国的科技水平是高于苏联的,同时美国坐拥一大批高科技人才,比如西奥多·冯·卡门、沃纳·冯·布劳恩、约翰·冯·诺依曼等科学界大咖。在如此优越的条件下居然屡战屡败,实在憋屈!美国想,我怎么也得憋个大招出来对付苏联。而登月就是这个所谓的大招。

其次,为了抢占资源。

月球是一个巨大的资源宝库,有着丰富的矿产资源,其中一种叫作氦-3的珍贵物质,是人类梦寐以求的未来能源。它是一种核聚变的燃料,能产生巨大的能量,能量大到什么程度呢?这么说吧,一年中全世界石

"阿波罗计划"图纸示意

油、煤、天然气等燃料的使用总量，只需要100吨的氦-3就可以完全替代。100吨又是什么概念呢？大概就是装满5个集装箱的量。仅仅这么些氦-3就可以解决全世界一年的能源需求。而整个中国一年的发电量，更是只需要8吨的氦-3。

但这种物质在地球上非常的稀少。有人统计，把地球上目前能提炼的氦-3全部提取出来，也不会超过15吨。而月球上的氦-3储量惊人，初步估计在100万吨至500万吨之间，够人类消耗1万年以上。

所以直到今天，世界各个强国都对登陆月球趋之若鹜，很多国家都向月球发射了探测器，甚至有些国家已经在为登陆月球做积极的准备了。这个聚宝盆实在是太过诱人。

最后，登月等航天项目能极大地推动科学技术的发展。

美国的"阿波罗计划"为人类留下了大量的科技财富：大功率的火箭、微波雷达、无线电、红外制导等都是登月计划的副产品，包括如今我们普遍使用的手机、电脑都脱胎于"阿波罗计划"。

小宝宝们用的尿不湿，也是人类航天的产物。苏联宇航员加加林和美国宇航员谢波德都遇到过尿急的问题。可是当时的太空服没有专门的设计，"可怜"的谢波德被要求尿在太空服里。为了解决这个问题，人们后来发明了超级能吸水的纸尿片，它能吸收重量是其自身重量的50多倍的水，流出的尿全部都会被它"吸"光。这解决了航天员的后顾之忧。再后来，这项发明进入千家万户，人送外号"尿不湿"。

1961年5月，阿波罗计划启动。这项工程十分浩大，过程极其艰难。

有多艰难？

难度大到一部分人直到今天仍然坚信登月是假的，认为这只是美国政府编造的一个谎言罢了。美国科普栏目《流言终结者》就曾做过一个调查，高达20%的美国公民都不相信美国人曾经登陆过月球这件事。因为大家觉得这项工程令人匪夷所思，当然，反过来这也再次证明了这项工程的伟大。事实上，美国花了10年的时间，参与该计划的有约2万家企业、200多所大学、80多个科研机构，总人数超过30万人，规模空前。

补充一点，其实苏联也曾经以登月为目标努力过，但是这项太过昂贵的计划，在赫鲁晓夫下台之后，就失去了支持，于1964年中止。

美国到登月结束一共实施过三个载人航天计划。

"水星计划"

第一个计划称为"水星计划"。简单地说，就是把宇航员送到太空。

"双子星计划"

第二个计划就是"双子星计划"。这个计划包含了多项内容。包括实现太空行走，两艘宇宙飞船在太空中的对接，以及两名宇航员一起在天上共同生活一段时间。

你一定会觉得，最后一项是最简单的，不就是两个小伙伴一起坐在太空舱里起飞，降落，做一次太空旅行嘛？其实不然。

太空舱

先给你介绍一下太空舱。一般的太空舱和双人帐篷差不多大小，但是里面会安装大量的仪器设备，所以留给宇航员的空间其实非常狭小。这种体验类似于你捉迷藏的时候躲在衣橱里，就那么拥挤。对普通人而言，在里面待上3～4小时就是极限了。但是"双子星"的宇航员要在太空舱里连续待上

5～6天，而真正的登月更是需要8天左右的时间。在这期间，不仅要承受狭小空间带来的不适，还要按指令完成大量的任务，这对宇航员的精神抗压能力有非常高的要求。为飞船配两名宇航员也正是为了缓解宇航员在太空航行中的情绪。因为每次两名宇航员一起上天共同分担任务，所以这个计划就命名为"双子星计划"。

在这里要自豪地提一点，以上两个计划，中国也已经顺利完成，我国的杨利伟实现了中华民族的航天梦想，翟志刚完成了太空行走，景海鹏和陈冬操纵着"神舟十一号"飞船在太空中与"天宫二号"空间实验室完成了对接，再加上"嫦娥工程"对月球数据的采集，中国的载人航天也已经为登月做好了前期准备，这是值得中华儿女无比自豪的消息。

"阿波罗计划"

美国的第三个计划就是"阿波罗计划"，用一个词概括就是"嫦娥奔月"。阿波罗计划的目的，就是把人送到30万千米之外的月球。

这个任务要准备的东西显然比"双子星计划"要多得多，其中，最基础的一项，就是大功率的火箭，毕竟要把登月需要的器材送到月球所在的位置，任务十分艰巨。这个重担就落在了沃纳·冯·布劳恩身上，他设计完成了另一个划时代的火箭——"土星5号"。"土星5号"在当时是人类历史上运载能力最强的火箭，它能把45吨重的飞船送到月球，把118吨重的货物送到地球的同步轨道上。要知道，50多年后，中国的"长征五号"火箭，也只能把近2.5吨的"嫦娥一号"送到月球，把25吨左右的货物送到太空轨道。当然，这并不是说我们国家的火箭差，要知道这世界上绝大多数的国家，都还没火箭呢，实在是"土星5号"太牛了。

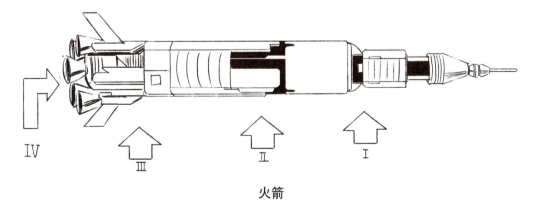

火箭

举个例子吧，"土星5号"的第一级火箭就装有约2160吨的燃料，科学家能让它在150秒也就是两分半的时间里燃烧完，从而向下喷射出大量的物质以推动巨大的火箭升空。2160吨，可能很多同学没这个概念。丁老师打个比方，很多同学应该见过煤气罐吧，就是以前与煤气灶连着的罐子，一个罐子能装15千克的煤气，能让一户人家烧一个月的饭菜。2160吨燃料相当于14万4千个煤气罐，在两分半的时间内充分燃烧，同时还要保证燃烧的安全性，稍微出点差错可能就爆炸了。所以这个技术是相当牛的。

计划进行到这里，可谓万事俱备，只欠东风，"阿波罗11号"整装待发。

小结

这一讲我们从登月的意义开始讲起，美国争夺太空霸主的野心、勘探和抢占月球资源的目的以及对科技能力和财力的信心，促成了美国"阿波罗计划"的实施。虽然，至今仍有人对美国是否登陆过月球持怀疑态度，他们怀疑的理由，就是那面在月球上迎风飘扬的美国国旗：月球上没有空气怎么可能吹动旗帜呢？事实上，那是宇航员用钢丝撑开了旗帜，就如同你用伞架子撑开了雨伞布一般。美国登陆月球是不争的事实。当然，过程是艰难的，NASA为了这一刻准备了10年。

下一讲，让我们随着"阿波罗11号"登陆月球，了解那光荣时刻所发生的故事。

月 亮 之 上

美国在顺利实施了"水星计划"和"双子星计划"之后，终于启动了"阿波罗计划"。为什么叫"阿波罗计划"呢？话说阿波罗是古希腊神话中的太阳神，是众神之王宙斯的儿子，也是月亮女神阿尔忒弥斯的双胞胎弟弟。美国人将这名字取得很有意思，姐姐是掌管月球的，现在弟弟往姐姐住的地方飞，姐姐你总不至于拒绝弟弟来串门吧。所以这名字取得还是很有讲究的。就好比中国的探月计划就被命名为"嫦娥探月工程"，我们的月球车名为"玉兔号"，这里边都是有典故有情怀的。

继续来说"阿波罗计划"，它完整的方案是这样的。先发射一枚大火箭（没错，发射的就是沃纳·冯·布劳恩设计的"土星5号"火箭），火箭的肚子里装着一艘航天器，这是登月的指令舱和服务舱，指令舱的头上还连着一个小航天器，那就是宇航员登陆月球要乘坐的登月舱。

指令舱和服务舱里，存放着宇航员的生存必需品，还有充足的氧气和电池，它被送到月球附近后，就绕着月球轨道飞行。随后，它会释放出登月舱。登月舱会带着宇航员在月球上着陆，待宇航员完成考察任务后，坐着它返回月球轨道，与指令舱对接后返回地球。

"阿波罗"系列飞船

现在大家都知道，实现登月的是"阿波罗11号"飞船。那么，有没有"阿波罗1号"飞船呢？其实1—10号飞船都是存在的。为什么直到11号才登陆月球呢？因为登月要考虑的因素实在是太多了，所以要经过一系列的实验和测试，才能最大限度地保障登月的成功。

计划在一开始就遇到了意外。第一艘飞船"阿波罗1号"，在一次极为寻常的测试中，因为一个电火花导致飞船内部燃起大火。更为糟糕的是，当时的舱内充满了纯氧，火势迅猛到根本无法救援，正在舱内的3名优秀宇航员在这次事故中遇难。其中的两名还是"水星计划"和"双子星计划"中的老兵，有着丰富的航天经验，他们渡过了很多次的危机，却没能躲过这场悲剧。

但是，这场灾难并没有阻挡科学家前进的脚步，"阿波罗计划"依然稳步向前。

2号、3号飞船是用于开发和改良的型号，没有飞上天。

4号、5号和6号是无人飞船，用来测试各种条件下的对接和返回。

7号飞船开始载人，但是只飞到地球轨道就返航了。

真正飞向月球的是8号飞船，但是它绕了月球一圈就回来了。

继9号飞船测试后，10号飞船就出发了。事实上，"阿波罗10号"具备了完整的登月功能，它的配置和"阿波罗11号"一模一样；它的任务，除了不在月球上登陆以外，其余都与11号飞船保持一致，可以说是最终登月计划的预演。NASA甚至为了防止飞船上的宇航员按捺不住内心的激动提前登月，故意在登月舱里只放了较少的燃料，并再三警告，一旦登月就无法再返回轨道与指令舱对接，只能永远留在月球上。NASA的考虑是有道理的，成为"第一个踏上月球的人"是多少宇航员的梦想。正是在NASA周全的考虑下，全世界关注的目光都留给了"阿波罗11号"。

登 陆 月 球

1969年7月16日，"阿波罗11号"发射升空。

执行"阿波罗11号"登月任务的总共有3名宇航员：1号宇航员指令长是整个行动的长官，也就是后来地球人都认识的尼尔·奥尔登·阿姆斯特朗；2号宇航员迈克尔·科林斯是指令舱驾驶员，他是不登月的，负责驾驶指令舱在高空中接应；3号宇航员是登月舱的驾驶员巴兹·奥尔德林。

巴兹·奥尔德林的名字你可能不熟悉，但是他退役后参与过很多电影，《玩具总动员》里有一个太空人，名叫巴斯光年，他的人物原型就是巴兹·奥尔德林。他还参与过《变形金刚》等电影的拍摄，在里面都是保持太空人的形象。但是很多美国人不太喜欢他，据说是因为他比较自私。在登月后，两个宇航员为第一次登月拍摄了大量的照片，但是奥尔德林没有为阿姆斯特朗拍过一张正面的、完整的照片。所有我们看到的第一次登月时穿宇航服的太空人，几乎都是阿姆斯特朗为奥尔德林拍的。换句话说，你看到的小学六年级科学课本里的那个登月宇航员其实是奥尔德林，而不是阿姆斯特朗。阿姆斯特朗的照片如果要说有，那也只是从奥尔德林的面罩里看到的他的身影。连那个有名的大脚印，也是奥尔德林印上去的，目的是测试月球表面的风化情况。

没有用照片记录下第一个地球人踏上月球的第一步，不得不说这是一个很大的遗憾。毕竟阿姆斯特朗用他的一小步，带动了人类历史的一大步。

"阿波罗11号"的登陆过程，其实远比我们想象的要危险。首先，登月舱在下降的时候，由于地面通信出现了故障，与指挥中心失去了联系。没了指挥中心的指挥和数据指示，这可是像无头苍蝇似的。好不容易解决了这个问题，登月舱的地面探测仪又出故障了。在离月球100多米的高度，因为月球表面的地表情况无法检测，登月舱无法降落。当时飞船的预定燃料只能维持1分钟，再不降落的话，他们就得马上返航，否则就舱毁人亡了。但是一旦返航，就意味着整个任务失败了。最终，他们在还有17秒燃料就要用尽的时候，完成了登陆。这才有了后来的踏上月球的第一步。

登陆成功后，阿姆斯特朗和奥尔德林一共停留了2.5小时。他们按计划完成了一系列的科学任务，比如采集月球上的土壤和岩石，安装月震仪（用来探测月球上的地震，包括外来星体对月球的撞击等），安装激光测距仪的反射镜。同时，他们还

登月舱着陆

把美国国旗插在了月球上，可惜，因为经验不足，旗帜只插入土壤20厘米，同时与飞船挨得太近，仅有7米的距离，所以在登月舱返航时，旗帜就被登月舱的喷气给喷倒了，所以后来NASA规定旗帜必须距离登月舱30米以上才行。

人类探索宇宙的每一步都充满着意外和困难。

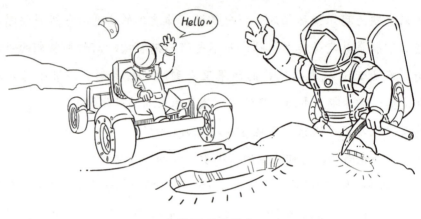

宇航员采集样本

小结

我们了解了"阿波罗11号"的登月过程，在"阿波罗"系列飞船的开发过程中，人们不仅要克服技术上的困难，甚至还付出了生命的代价。而这一切，并没有阻止人类登上月球的决心，最终阿姆斯特朗和奥尔德林完成了人类的第一次登月，阿姆斯特朗留下了那句名言："我的一小步，却是人类的一大步。"

这一次的登月虽然困难重重，但比起接下来的"阿波罗13号"所面临的问题，那就是小巫见大巫了。下一讲，我们的故事是《拯救"阿波罗13号"》，一个被拍成电影的惊险故事。

拯救"阿波罗13号"

在"阿波罗11号"登陆月球的过程中，阿姆斯特朗带领他的团队克服重重困难，实现了人类登月的梦想，他的一小步成了人类历史的一大步。丁老师接下来要讲的内容是拯救"阿波罗13号"。

有同学问了：怎么就直接讲"阿波罗13号"了呢？"阿波罗12号"有发射过吗？当然有，"阿波罗12号"的旅程非常顺利，两名宇航员在月球上停留了整整8小时，完成了计划中所有的科学实验。这次登月行动还获得了全世界电视观众的关注，上海电视台也对这次登月进行了录播（这是中国内地第一次播出人类探索太空的实况录像）。

紧接着发射的便是"阿波罗13号"。可能是连续的成功发射降低了人们的好奇心，"阿波罗13号"发射消息的受关注程度很低，甚至连电视台都没有再做转播。

不过，还是让我们先来关注下即将出发的宇航员吧。

宇航员名单

指令长吉姆·洛威尔，一名极为出色的宇航员，他是当时在太空中生活时间最长的美国宇航员，也是"阿波罗8号"的飞行员。当年"阿波罗11号"挑选宇航员时，NASA就想让他作为阿姆斯特朗的副手，挑战第一次登月。但这个提议遭到了阿姆斯特朗的婉拒，因为他十分敬重吉姆，觉得让吉姆给自己当副手是对吉姆的侮辱，认为一起出征的话必须把指令长的位置让给吉姆，NASA犹豫再三，最终选择了奥尔德林作为阿姆斯特朗的副手。优秀的吉姆直到"阿波罗13号"才获得了梦寐以求的登月机会。

比起吉姆，另一位宇航员肯·马丁利就比较郁闷了，他在发射前3天被查出可能感染了麻疹，这是一种病毒性疾病，一般只要10天左右就能痊愈，但是他来不及了。他为了这次飞行训练了好几年，结果却因为生病非常遗憾地被淘汰了下来。

肯·马丁利的这个名额最终落在了杰克·斯威格特的身上，杰克从备选宇航员转为正式队员，搭上了"阿波罗13号"的"航班"，大家都称他为"幸运的杰克"。谁能料到，等待他的却是无比坎坷的经历。

另外，还有一名宇航员是弗莱德·海斯。

"成功的失败"

1970年4月11日19:13，功勋卓著的"土星5号"顺利升空。按照预定程序，火箭依次扔掉第一级火箭、发射逃逸系统、第二级火箭。

什么是发射逃逸系统呢？你以后观看载人火箭发射的时候可以留意一下，它们的顶端往往会有一根凸起的"尖刺"。这个装置就是发射逃逸系统，它的下端连着指令舱，当发射前有发射台失火、发射制导系统失灵或运载火箭失控等导致即将爆炸的危急事故发生时，发射逃逸系统会迅速点火，将指令舱带离运载火箭以保证宇航员的安全。就在2018年10月11日，俄罗斯"联盟号"飞船发射失败，两名宇航员就是利用发射逃逸系统的相关部件才捡回两条命。当然，如果发射顺利，它就会在进入太空时被抛弃掉。

指令仓

"阿波罗13号"的起飞十分顺利。

3天后，飞船接近了月球，他们准备睡上一觉，为抵达月球轨道后的登月养精蓄锐。然而就在睡觉前，他们发现指针显示，氧舱的氧含量超过了100%，这当然很不正常。地面指挥中心告诉他们，不要紧张，打开扇叶，把空气搅拌一下就行。飞船指令长刚按下扇叶开关，电力警报系统就报警了，这可是一个级别非常高的警报，接着，燃料电池也开始报警且无法使用了。这下，地面指挥中心也不淡定了，赶紧找原因。这时候飞船指令长的声音传来了："休斯敦（休斯敦太空中心），这次我们遇到麻烦了。"（这句话后来成为经典名言，甚至还出现在电影中。）因为指令长听到，几乎所有的系统都开始报警。紧接着一声巨响，星星点点的火花围绕在飞船的周围，3名宇航员都知道，飞船的氧舱爆炸了。

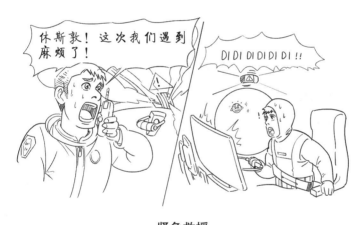

紧急救援

接下来，是紧张的自救过程。一个氧舱已经爆炸了，另一个还在缓慢地泄漏，登月已经不可能实现了。问题是他们还能活着回家吗？那可是在茫茫宇宙啊，真的是，叫天天不应，叫地地不灵。地面指挥中心经过一阵紧张的计算，给出了一个结论，如果不犯任何错误，他们还有活着回来的一线希望。

危急之时，令人欣慰的是，通信还没中断，地面指挥中心能不断提供解决问题的方案，而他们也还没登月。

登月舱上准备的燃料和氧气是没有用过的，要是当时已经登过月，那是连一丝机会都没有了。他们赶紧从指令舱撤到登月舱。即使是这样，情况也是相当危急的，因为登月舱里水、食物和氧气都是按2人2天的量准备的，而他们要返回地球起码要4天，而且是3人得用4天，相当紧张。

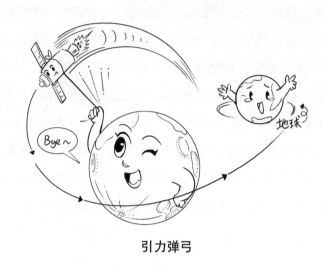

引力弹弓

　　他们的活动被严格限制，以减少身体能量以及氧气的消耗。

　　他们甚至被要求尿液都不能随意排出舱外。因为飞船排出尿液的方式与飞机上的马桶相似，喷出气体的同时带走液体，可是这么一喷，就会影响飞船的运行轨迹，而当时，根本没有多余的燃料来不断调整飞船的姿势了。

　　另外，虽然飞船破损严重，但是他们却不能立即刹车掉头，因为刹车要消耗更多的燃料。他们需要继续往前飞，绕过月球，利用月亮的引力调过头来飞向地球。这个方法有个好听的名字，叫"引力弹弓"。电影《火星救援》里就用过这个方法。

　　4天后，"阿波罗13号"飞到了地球附近，3名宇航员都还活着。

　　但是进入大气层的过程是整个自救过程中最凶险的。飞船在进入大气层时，如果角度偏转，就会与空气发生剧烈摩擦而导致舱毁人亡。以往宇航员们可以通过燃料来调整角度，而在那一刻，等待他们的却是未知的挑战。

　　同时，飞船在进入大气层的过程中与大气摩擦产生的高温，会使飞船的周围被一种等离子体所包裹，这会导致飞船与指挥中心的通信被阻断。以往的这段时间只持续3分钟。而这次，5分钟过去了，还是音信全无。当最后终于从对讲机的另一头传来宇航员成功降落的信息，人们顿时喜极而泣。

从"阿波罗11号"到"阿波罗17号",美国一共登月6次,共12名宇航员登陆过月球。"阿波罗13号"是这6次登月计划中,唯一一次失败的,但是人们却称它为"成功的失败",因为它在如此极端危险的情况下还能成功返航,给了全世界航天人极大的鼓舞。

小结

> 因为氧舱爆炸,"阿波罗13号"在遥远的太空中陷入困境。最后,依靠地面工程人员的集体智慧和3名宇航员的沉着冷静,"阿波罗13号"创造了不亚于登月的航天奇迹。

"阿波罗13号"的故事还被搬上了银幕,片名就叫作《阿波罗13号》,还获得了1996年的两个奥斯卡奖项。

登月的故事,我们就讲到这里。

"阿波罗计划"结束以后,人类把航天的重心放在了空间站的建设上,由此NASA还开发出了一款新的航天器材,让我们下一讲来揭开它的真面目吧。

"太空搬运工"航天飞机

"阿波罗计划"进行到17号便终止了。如果按原来的计划一直会延续到"阿波罗20号"。为什么要提前中止呢？一方面，登月计划的出发点便是在航天领域赶超苏联，报"3：0"之仇（在人类航天的起步阶段，美国一直被苏联压制着），而苏联早早就放弃了登月计划，美国也因此失去了竞争的动力。另一方面，登月实在是太费钱了，随着老百姓对登月的关注度逐步降低，美国政府就不肯掏钱了，NASA得到的资金越来越少。巧妇难为无米之炊，NASA只好把研究的重心转移到其他航天项目的开发中来。首先登场的，便是航天飞机。

"搬运工"的存在意义

为什么要造航天飞机？因为要造房子，不过造的可不是普通的房子，而是太空里的大房子，我们管它叫空间站。登月计划结束以后，美国、苏联这些大国都把精力放在了空间站的建设上。有了空间站，宇航员可以在里面做各种太空实验，模拟未来的太空生活。平时在地球上造房子，就需要大量的材料，更何况是在太空建空间站，建设的要求就更高了，需要把大量的宇航员、材料送往太空。所以，航天飞机就是个"太空搬运工"，里面可以装载各种各样的物资，为建设空间站添砖加瓦。

有同学奇怪了，"太空搬运工"不应该是火箭吗？以前连"阿波罗"飞船都是火箭运上天的。现在这生意怎么让航天飞机给抢了呢？原因很简单，火箭太贵了。火箭的成本主要是燃料和发动机，其中最费钱的就是它的发动机，这是一个非常精密、科技含量相当高的大家伙，它的成本占了火箭成本的70%～80%。一个运载火箭发动机的价格抵得上几十辆顶级跑车的价格。而且它还是一次性的，用过就废了，太可惜了。

所以人类需要制作一种新型的航天器，可以保留住昂贵的发动机，让它可以重复使用100次，这样就大幅度地减少了发射的成本，这就是建造航天飞机最初的想法。

"搬运工"的"长相"和"能力"

航天飞机长什么样？说到这里啊，还是有必要提一下。很多同学认为，小学科学教材的资料库里，长得有点像客机的那个飞行器，就是航天飞机。其实这个说法并不全面。一定要丁老师用语言来描述的话，这么说吧，一架完整的航天飞机就是一架小飞机趴在一瓶"大可乐"上，边上还有两瓶"小可乐"。小飞机有专门的名字，叫轨道器；"大可乐"其实是一个巨大的外储箱，里面可以装700吨左右的燃料；而两瓶"小可乐"则是两枚助推火箭，提供动力，协助把轨道器送入太空轨道。三瓶"可乐""喝"完以后就会被扔掉，最后返回地球的，就只有一个轨道器，也就是那架小飞机。

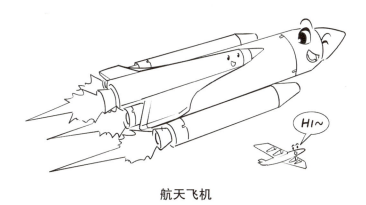

航天飞机

都叫飞机，那么航天飞机和普通飞机有区别吗？肯定有。普通飞机只装航空燃油，它一边飞一边要吸入氧气来帮助燃烧，所以普通飞机不能飞得太高，否则就会因为缺氧掉下来。而航天飞机的燃料箱里自带了氧化剂，所以，即使在没有空气的太空中，它也能正常运行。

补充一个小知识，美国所有的航天飞机在大气层内，反而是不能自由飞行的，只能滑翔降落。

　　航天飞机的短暂"一生"中，做过很多伟大的贡献。这个"太空搬运工"，在完成本职工作的同时，还接了很多私活。比如：它会变身为"太空维修工"，修好患了"老花眼"的哈勃太空望远镜；它还变身为"太空教室"，把老师送到太空去给全球的小朋友们上课。

"太空维修工"

　　正是因为有了这个本领，航天飞机成了自如穿梭于太空和地球之间的"超级搬运工"。

　　美苏太空争霸又进入到了新的阶段，大家热情高涨地搞起了空间站的建设，在空间站里人类可以进行各种太空实验，还可以模拟将来的太空生活。为了建设空间站，美国和苏联都开发出了航天飞机来取代火箭，以降低太空运输的成本。最后，我们还介绍了航天飞机，它是一整套的系统，而平时常说的"航天飞机"仅仅是它的轨道器。

航天飞机这个"超级搬运工"一干就是30年。但是到了美国东部时间2011年的7月21日，最后一架奴役的航天飞机安全着落。就此，航天飞机还是光荣下岗了，这是为什么呢？下一讲我们来聊"太空搬运工"下岗记，里面就有答案。

"太空搬运工"下岗记

　　这一讲丁老师要继续讲航天飞机。别看这题目取得挺调皮的，其实丁老师此时的心情是很沉重的。

　　航天飞机几乎是与丁老师同龄的。丁老师从小到大心目中觉得真正的宇宙飞行器都应该像是航天飞机这样的，它们能自由地穿梭在地球和太空之间，无拘无束地飞行。不是吗？难道你能想象银河护卫队保卫银河的时候，是抱着一枚"土星5号"火箭上天的吗？这画面，估计敌人都得笑疯了。

　　这个世界上，成功飞行并回收的航天飞机共有6架，苏联1架，美国5架。

　　当年能与美国在航天领域抗衡的，就只有苏联。苏联的那架航天飞机叫"暴风雪号"，它很有特点，在地球的大气层内也能飞行，这是美国的航天飞机都不曾具备的能力。

高昂的成本

　　后来，苏联解体了，变成了俄罗斯等很多个国家，其中的一个叫哈萨克斯坦的国家拥有"暴风雪号"的所有权，但是该国的经济实力根本支撑不了航天飞机的运行，最后只能将"暴风雪号"送进博物馆。

　　美国这边的情况也

下岗的"暴风雪号"

好不到哪里去。还记得当年为什么造航天飞机吗？为了省钱。航天飞机能反复回收使用，极大地降低成本。这事一开始是挺靠谱的，航天飞机的主要费用就是燃料费和维护费，其中燃料费只占总费用的1%左右，只要发动机能反复使用，真的很划算。但是，随着零件的老化，维护的成本越来越高，就像同学们家里爸爸妈妈的汽车，开了10多年以后，车子里的零件总是容易出现这样那样的问题。何况航天飞机是在环境十分恶劣的太空中执行任务的飞行器，维护的成本更是高得吓人。尤其是在航天飞机发生过爆炸以后，考虑到安全问题，每次一架航天飞机起飞的时候，另一架也要装满燃料架在发射架上，一旦前者发生危险后者就要立即升空进行营救，这样一来，每次发射成本就上升到了5亿美元。同一时期，欧洲发射一枚火箭顶多就是1亿美元。所以这样一来，航天飞机不仅没省钱，反而成本高得吓人。这是航天飞机退役的原因之一。

如果你是一个阅读习惯非常好的孩子，你肯定已经"抓"到了"爆炸"这个词。是的，这样的灾难曾经真的发生了。

"挑战者号"和"哥伦比亚号"的悲剧

这一切，有一个非常美好的开始。NASA，也就是美国国家航空航天局，计划送一位老师到太空去为全世界的小朋友上两堂课。NASA采用海选的方式，从报名的10万人当中，选出了一位名叫麦考利夫的女老师。这次的海选非常成功。在此之前航天飞机已经飞行了24次，大家的热情都已经淡了，连电视台都不直播了。但是当这次"挑战者号"发射的时候，万人空巷。

然而，人们看到的却是一场悲剧。航天飞机在升空75秒后就发生了爆炸，爆炸发生在离地面1.5万米左右的高空，而气浪又将他们推到了2万米的高空。从两个多珠穆朗玛峰海拔的高空掉落至海里，应该是没有可能生还的，包括麦考利夫老师在内的7名宇航员全部遇难。

事后，NASA对爆炸的原因进行了调查。导致事故的直接原因是橡胶O形圈的破裂。还记得丁老师在上一讲中提到的助推火箭吗？就是那两瓶"小可乐"。其实"小可乐"不是"整瓶"的，每瓶"小可乐"都是由4节拼起来的，拼接的地方用螺丝钉固定，外面就套了橡胶O形圈。结果那一天气温太低，零下27摄

令人心碎的悲剧

氏度，本来会膨胀的橡胶O形圈并没有鼓起来，燃料泄漏而出，点着了那瓶"大可乐"（外储箱），爆炸就发生了。

这次爆炸以后，航天飞机停飞了两年。然而到了2003年，"哥伦比亚号"在返回地球的途中再次爆炸，又有7名宇航员遇难。

这两次大爆炸令无数的人为之心碎。这些逝去的宇航员们，他们的英魂留在了天空，但他们与加加林、阿姆斯特朗一样，都是推动人类文明进步的英雄。

就这样，越来越高的成本，越来越大的安全隐患，终于压垮了航天飞机的"脊梁"，它最终退出了历史舞台。但人类探索宇宙的脚步不会因此而停止，无数的航天人仍然前赴后继，人类的航天事业仍在继续向前。

小结

这一讲我们继续回顾了人类历史上曾经拥有过的最美的航天器——航天飞机。历史上共有6架成功飞行并回收的航天飞机，分别属于美苏两国。人类研发航天飞机的初衷是为了节约成本，但最终高昂的成本却决定了它的退役。另一个导致它退役的原因就是安全性，"挑战者号"和"哥伦比亚号"两架航天飞机分别在升空和降落的途中发生爆炸，带走了14位杰出宇航员的生命，鸣响了人类探索宇宙的挽歌。

太空生活中的"吃喝拉撒洗"

接下来我们来换个轻松一点的话题：宇航员的吃喝拉撒洗。

吃喝拉撒是再寻常不过的事情，当我们还是小宝宝的时候，最先接触和掌握的就是这些技能。

可是在太空中，吃喝拉撒就完全不同了。因为那可是一个失重的环境，包括人在内的所有未固定的物体，都会随意飘来荡去，所以吃喝拉撒自然就成了大问题。那么科学家们是如何帮助宇航员解决这些问题呢？

太空生活中的"吃"

"民以食为天"，首先就让我们从食物说起。

吃太空食品最令人担心的问题便是掉渣。如果食用过程中产生大量残渣，便可能产生大量漂浮的碎屑，从而影响仪器的正常工作。

于是，苏联人把航天食品做成牙膏状的半流体，戏称它为"营养牙膏"。这种设计的好处是方便，挤出来就能吃。1961年，加加林进入太空时就带了这种食品，所以，很多人对于早期航天食品的印象也来源于此。

事实上，同一时期美国的航天食品制作工艺是不同的。他们利用冷冻干燥技术搞出了一堆冻干脱水食物，简单地说，就是吃的时候只需要把食物拿水泡一下就好了。

虽然形式不同，但两个国家的太空食品还是有一个共同点，那就是，难吃。宇航员们纷纷表示：味同嚼蜡！毕竟最早的航天食品，只考虑到营养的补给，根本未考虑口味问题。

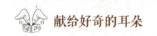

　　这种情况对于短期的飞行，问题还不是很大。可是考虑到部分宇航员长期在太空工作，有时甚至长达几个月或者更久，要是天天挤"牙膏"，这对身心都是一种摧残。于是，食品科学家们想方设法为宇航员提供更好的伙食。

　　如今的航天食品早已是种类繁多。2003年，我国的杨利伟乘坐"神舟五号"上天时，午饭就吃了八宝饭、鱼香肉丝、宫保鸡丁和凉茶。2012年，"神舟九号"的宇航员们更是吃到了豆沙粽、水晶莲子、什锦炒饭和烧鸡腿。

　　不仅如此，各国还开发出了各种应对太空环境的餐具，极大地方便了宇航员在太空中就餐。

航天食品

　　但即使这样，在太空中吃饭仍然是一件不愉快的事情。失重会引起唾液分泌减少和鼻腔黏膜充血等，从而导致味觉神经钝化。所以宇航员吃什么都觉得不是很有味道，食欲自然也不太好。

太空生活中的"喝"

　　喝太空饮料最令人担心的问题则是打嗝。

　　现在很多国家的宇航员在太空中都是可以喝到可口的饮料的，比如橙汁、红茶。意大利人甚至还把自动咖啡机搬上了太空。

在太空中喝饮料是一件非常有趣的事，你把饮料"喷"出来，它们就会悬浮在空中，然后你就可以玩"贪食蛇"游戏，把它们一颗一颗地吞下去。当然也有便捷的喝法，航天局会把饮料包装成带有吸管的袋子，使用时用嘴吸就可以了。

但是也有一类饮料是被绝对禁止的，那就是碳酸类饮料，比如可乐。因为这一类饮料会引起"不正常的打嗝"。

碳酸类饮料中，往往含有大量的气泡（二氧化碳）。在地球上，二氧化碳气泡的密度比它周围液体的小，所以会被不停向上推至饮料的表面。于是，我们在打嗝的过程中，会率先把二氧化碳气体排出来，这个过程非常爽。

然而在几乎没有重力的太空里，碳酸类饮料中的二氧化碳气泡将会随机分布在液体中。由于气泡无法与液体分离，如果宇航员在太空中喝下碳酸饮料，气体无法"上升"，导致这些气泡不能通过正常打嗝排出，而太空中的"不正常的打嗝"和呕吐真的没什么区别。这意味着宇航员的消化系统中会滞留大量的二氧化碳，很有可能会危害健康。

太空生活中的"拉"和"撒"

比"喝"更有技术难度的是"拉"和"撒"，俗称上厕所。在太空中上厕所这事可比喝饮料麻烦多了，饮料洒了，空中也就飘一片小水珠。这厕所卫生要是搞砸了，那画面没法形容。

前面说过，短期的太空航行可以依靠纸尿裤。但像空间站这样长期滞留在太空中的飞行器，里面就会安装有抽气马桶。如何使用这个马桶可是要经过严格训练的。因为马桶的中间只有一

模拟在太空中上厕所

个10厘米左右的小孔，用的时候必须对准这个孔。同时，还要固定住双脚，双手抓住两侧的把手，把屁股紧贴在马桶上，抽气马桶才会开始工作，并且把排泄物集中后再处理掉。

不得不说的一个细节是，排泄物中的液体会被回收到储液罐，进行多道处理后，会变成宇航员的生活用水。

太空生活中的"洗"

"吃喝拉撒"都已解决，还有一个生活问题不容忽视，那就是洗澡。美国人就曾经奢侈过一把，他们直接把一个淋浴间送到了空间站，洗澡的时候宇航员就进入那个"大罐子"里，固定双脚扎好马步（要不就会被水冲得旋转起来），同时还要带上呼吸面罩和护目镜以避免到处飘的水糊住口和鼻子（否则可是会造成生命危险的）。想想那画面，根本不像洗澡，简直是在游泳，麻烦极了。后来他们干脆就放弃了洗澡设备。用湿毛巾擦一下成了最普遍的洗澡方式。

小结

> 这一讲我们聊了航天员在太空中的"吃喝拉撒洗"。由于太空中"失重"的特殊环境，吃要避免残渣，喝要担心打嗝，拉撒需要"技术"，而洗澡只能依靠湿毛巾，看来当宇航员还真不是一件容易的事。

最后，给同学们补充一个小知识。我们一直在说太空中的"失重"，那你知道"失重"是怎么产生的吗？

可能有些同学会认为，那是因为离开了地球，失去了地球的引力。

这个答案既对又不对。如果我们飞得很远，远离了地球的引力，确实会产生"失重"现象。但事实上，绝大多数的航天器和空间站离地球都不是很远。中国的"天宫二号"离地球约400千米，在那个高度上，地球对它的引力比你站在地球上，其实没小太多。

那为什么航天员会完全感受不到重力，在飞船里飘来飘去呢？那是因为飞船正受到地球的引力，在快速往下掉。在这个掉落的过程中，身在其中的人，就会进入失重的状态。这样的现象在地球上也会发生，比如从高空坠落的电梯，身处其中的人就会处于失重状态。当然这样的悲剧，我们绝不希望它发生。

那你肯定又好奇了：如果失重是因为飞船在往下掉，那为什么不会坠落到地上呢？那是因为飞船一边在掉落，一边在快速地往前飞，于是，它的轨迹就成了一道弧线，这道弧线和地球本身的弧度相一致，因此就能一圈又一圈地绕着地球打转了。

下一讲丁老师会介绍太空中更重要的一种装置，是什么呢？让我们下一讲来揭晓。

"无缝天衣"

  特殊的太空环境注定了宇航员在太空中无论做什么事都要费一番功夫，他们在太空中用到的生活设备，更是要经过精心设计，比如他们的衣服。今天我们就来聊一聊"无缝天衣"。

  先来解释一下什么是"无缝天衣"。"天衣无缝"本是一个成语，神话指仙女穿的衣服，不用针线缝合，没有缝儿，常用来比喻诗文等事物没有一点瑕疵。用"无缝天衣"来形容宇航员的宇航服，那是再合适不过了，两者在做工上的要求都极为精细，又都是在"天宫"中穿戴使用，而且在造价上肯定都非常昂贵。

航 空 服

  宇航服的前身是航空服。

  话说，挑战高空一直是人类的梦想，早在1875年，两位法国科学家就乘坐着气球，到达了约8600米的高空，最后他们双双遇难。1901年，又有一位气象学家乘热气球上升到约5000米高空，晕倒在气球上。当时人们无法对这两起事件进行解释，直到飞机发明以后，越来越多的飞行员进入高空，他们发现高空中低温低压和缺氧的环境会对飞行员造成巨大的伤害，于是，航空服就出现了。

威利·波斯特的加压服

1933年，适合高空飞行的航空服——加压服首次出现，它的设计者是当时环世界飞行纪录的保持者，独眼飞行大师威利·波斯特。别看它造型很怪异，但是确实管用。威利·波斯特曾穿着它飞上了15000米左右的高空，这堪称当时的传奇。而加压服也成了现代航空服的鼻祖。

宇 航 服

此后，随着"卡门线"的突破，人类急需研发一款适合太空活动的衣服。这个任务很困难，因为航天员所面临的环境可比飞行员要严峻得多。

太空中至少有四个足以置人于死地的因素：

（1）没有大气压力，这会令人体胀裂。

（2）没有氧气，这会使人窒息而亡。

（3）极端的低温和高温，从零下100摄氏度以下变化到零上100摄氏度以上，没有人能在这种环境中生存。

（4）太空中充满了各种天体发出的"利箭"——宇宙辐射。这些"利箭"不仅会射伤我们的皮肤，而且会穿透我们的身体，使内脏器官发生病变等。

这还没算上微陨石撞击、饮食饮水等问题。

一件衣服要抵御这么严峻的环境挑战，实现这么多的功能，需要的技术含量是相当高的。直到今天宇航服的制作工艺仍是各个国家的最高机密之一，它足以折射出一个国家科学技术的综合实力。

至今为止，宇航服的发展大致经历了四代，我们来简单地了解一下。

第一代宇航服

第一代宇航服，基本上就是由加压航空服改良而成的，技术工艺比较简单。这其实是一种舱内宇航服。美国第一位飞上太空的宇航员艾伦·谢泼德，他穿的宇航服就是第一代产品。

第二代宇航服

穿第二代宇航服的代表就是苏联的列昂诺夫，他是人类历史上第一个实现太空行走的宇航员，他的宇航服就是舱外宇航服。为了保证氧气和其他资源的供应，这种宇航服有长长的管子与飞船相连接，人们生动地称之为"脐带"。

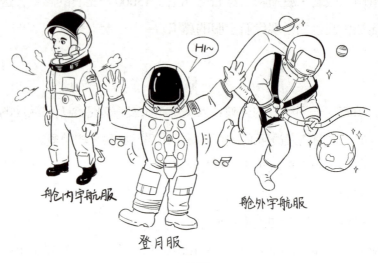

舱内宇航服　　　　登月服　　　　舱外宇航服

宇航服

第三代宇航服

第三代宇航服就经典了，那就是阿姆斯特朗和奥尔德林登月时穿的宇航服。设计者把生命保障系统做成了一个大背包，可以背在宇航员的身上，这扩大了宇航员的移动范围。服装的关节连接处参考了毛毛虫的构造，使得伸缩和弯曲时更加灵活。

但是，这款宇航服相当重，达到了100千克。幸好是在月球表面重力较小的环境中进行穿着，要是在地球上的正常环境里，就跟背了一头小猪似的。

第四代宇航服

第四代宇航服的开发与航天飞机的使用基本同步。在此之前飞上太空的人数量较少，宇航服都是个性化设计的，一人一套，穿一次就扔博物馆里的，成本相当高（杨利伟穿过的宇航服，现在就存放在中国国家博物馆里）。但是随着航天飞机的使用，宇航员数量增加。为了节约成本，设计者就开发出了批量生产的宇航服，把宇航服分解成多个部分，然后根据宇航员的体型选择不同型号的"零件",拼接成一件完整的宇航服。这大大延长了宇航服的使用寿命,使其可以反复使用,最高使用年限可达15年。

宇航服按照功能,可以分为舱内宇航服和舱外宇航服两种。

舱内宇航服和舱外宇航服除了后者有生命保障系统(就是那个大背包)之外,虽然在模样上挺接近,但是它们在功能上还是有挺大区别的。

舱内宇航服又称为应急宇航服,是在发射、返回以及飞船舱体发生泄漏等情况下需要穿着的,在正常飞行中是不需要穿着的。但是它的作用还是不容忽视的。1971年苏联的"联盟11号"飞船顺利完成太空任务,然而在返回途中,3名宇航员违反操作程序,提早脱掉了舱内宇航服。结果,返回舱的压力阀门被意外震开,空气泄漏,压力骤减,3名宇航员因急性缺氧、体液沸腾而死亡,成为人类航天史上的又一幕悲剧。

当然科技含量更大的是舱外宇航服,说它是一艘小型载人航天器一点都不为过。舱外宇航服的结构非常复杂,简单来说可以分成五层。

第一层,"豪华内衣"。它可以随时监测宇航员的生理数据(心率、体温、呼吸等),甚至能监测环境中的辐射量。

第二层,"调温服"。衣服上布满细管,可以手动调节细管内液体的温度,跟装了空调似的。

第三层,"加压服"。你可以把它想象成一个充了气的"救生衣",它被用来保障宇航员的正常压力环境。

第四层,"紧身服"。它把里面几层紧紧包裹,还能抵挡微小陨石的袭击。

第五层,"铠甲"。它通常用合成纤维做成,足以抵御子弹一样的微陨石,还能阻挡宇宙辐射。

除此之外,舱外宇航服还配置了生命保障系统。就如阿姆斯特朗身上的"小背包"(这东西可是顶尖科技产品),里面包含了供电、供氧、调温、除湿、通风、过滤、通信等设备,还带有1千克左右的水和食品,可以满足宇航员7小时的舱外活动。小背包最极致的一点,是具有飞行功能,可以帮助宇航员在太空中做飞行活动。

不同国家的宇航服,在设计上各不相同。苏联的宇航服采用后开门设计,就是从背后钻进去。而美式的宇航服，则采用分体式结构，先穿裤子再穿衣服。但有一点是相似的，就是它们穿戴起来都很不方便。所以这也是下一代宇航服研究的目标。

技术工艺如此复杂的宇航服，价格当然也不菲。以我国的"飞天"宇航服为例，据说单套价格就达到了3000万元，是不是令所有顶级时装黯然失色？

小结

这一讲，我们的主题是"无缝天衣"——宇航服。它的前身是航空服。在人类进入太空探索后，通过不断的改良，宇航服成了保障宇航员生命安全的"保护神"。虽然造型相似，但是舱内宇航服和舱外宇航服在结构和功能上还是有较大差异的。尤其是舱外宇航服的"生命保障系统"，结构复杂，功能强大，同时造价高昂。

人类的第三只眼

宇航服的价格之昂贵，科技含量之高令人惊叹。不过，论技术含量，若与今天要登场的设备相比，那就小巫见大巫了。那么，今天的主角究竟是谁呢？先卖个关子。

"出场"的背景

就让我们先从"观察"说起。从小学三年级开始，我们的科学老师就会反复地告诉我们观察的重要性。观察是我们认识世界最直接的方式。运用各种感官获取信息的方式都是观察的一部分，比如用耳朵听、用鼻子闻、用手摸，等等。这其中最简洁、最有效，也是获得信息量最多的方式，就是用眼睛看。

但令人遗憾的是，人类眼睛的功能并不强大，无论是能观察到的距离、细节，还是可见光的范围，都十分有限。所以我们的神话里出现了"千里眼"这样的形象，以表达人类的向往。

后来，伽利略真的让神话变成了现实，他发明了望远镜，还用它观测到了月球的环形山和土星光环，甚至还有木星的四颗卫星。于是，人类的观测距离一下子就扩大了。望远镜成了人类的另一只眼睛。

但是，人类并未因此而满足。随着航天技术的突飞猛进，科学家就梦想着把望远镜送到太空中去。

为什么要把望远镜送入太空呢？原因如下：

（1）减少大气层的影响。大气层会产生模糊效应，大大降低望远镜的分辨率。如果把大型望远镜放在真空的太空中，它的分辨率可以提高10倍。

（2）减少引力的影响。大型望远镜需要巨大的光学透镜。地球引力会使大透镜产生微小的形变，而微小的形变会大大降低望远镜的分辨率。

（3）减少震动的影响。无论是人类活动产生的震动还是地球内部产生的震动，都会影响望远镜对宇宙深空的观测。

正因如此，NASA决定向太空发射大型望远镜。这个计划被称为"太空天文台计划"。这一发射就是四个，分别是康普顿（伽马射线）太空望远镜、钱德拉（X射线）太空望远镜、斯皮策太空望远镜和哈勃太空望远镜。这"四大天王"各有各的本领，各自观测不同的波段。

"主人公"登场

这"四大天王"中，最有名的一台就是我们今天的"主人公"——哈勃太空望远镜，英文名为Hubble Space Telescope，简称HST，它以现"代观测宇宙学之父"爱德文·哈勃命名，号称"人类的第三只眼"。

哈勃太空望远镜到底有多厉害呢？

首先，它的定位非常精准，精度高达0.007弧秒（角秒）。这就相当于它在宁波发射一束激光，能准确击中黄山顶上的一枚硬币。

其次，它的分辨率可以让它看到只有0.05弧秒角大小的天体。这就相当于它能从宁波看到美国洛杉矶的一对相距不到3米的萤火虫。

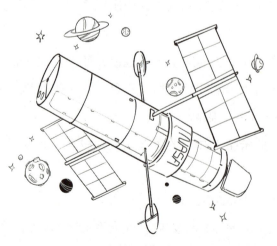

"人类的第三只眼"

哈勃太空望远镜最远已探测到距离我们约134亿光年的天体。

事实上，网上流传的唯美的星空图，很多都出自哈勃太空望远镜之"手"。

但是，这个伟大的太空望远镜，当年差一点就成为"史上最昂贵的太空垃圾"，你相信吗？

1990年4月24日，"发现号"航天飞机带着哈勃太空望远镜升入太空。

事实上，研发哈勃太空望远镜的计划早在1970年就规划出来了。无奈这个大家伙实在太昂贵，比地面上最大的望远镜还要贵上好几倍，因此，美国国会一直没有批准。最后，NASA在"亲戚"的慷慨解囊下才凑够了布置哈勃太空望远镜的经费。这个"亲戚"就是欧洲航天局，而代价就是哈勃15%的观测时间送给欧洲天文学家使用。

后来，发生了"挑战者号"航天飞机的爆炸事件，当时的美国总统里根下令所有航天飞机停飞，这让哈勃太空望远镜的发射计划再一次延后。

直到1990年，"发现号"才按计划把哈勃太空望远镜带到了距离地球600千米左右的高空。这高度差不多已经是航天飞机飞行距离的极限了。把它带到这个高度，目的当然就是远离地球，让太空望远镜获得最良好的观测环境。

刚把哈勃太空望远镜从航天飞机的"肚子"里掏出来，问题就来了。

哈勃太空望远镜是被折叠着放置在航天飞机的"肚子"里的，它出来后的第一件事就是启动它的蓄电池。因为宇宙真空环境中的温度是相当低的，而哈勃太空望远镜的精密组件又对温度要求很高，所以蓄电池必须马上供电，以保持装备正常运行。接着，就是打开两块太阳能光电板，毕竟蓄电池携带的电量是有限的，太阳能光电板才是维持它今后工作的能量来源。可是，宇航员用热切盼望的眼神，看到的却是望远镜迟迟打不开的"翅膀"。确切地说，是有一个太阳能光电板打不开。大家都慌了，只有一个"翅膀"就意味着望远镜只能勉强地"活"着，根本没法工作。

于是，地面指挥中心的工作人员们焦头烂额地想各种办法，比如让宇航员出舱修理、重新编辑启动程序等。

万幸的是，最终望远镜还是完整地展开了它的"翅膀"。大家也终于松了一口气。完成任务的"发现号"顺利返航。

但是回到地面一看，问题更大了，这哈勃太空望远镜居然是个"老花眼"。为什么这么说呢？因为它拍的照片都是糊的。科学家们反复检测发现（它的镜片在地球上有一个备份，科学家利用这个备用的镜片找到了原因），是打磨出来的主镜片出错了，比原计划的厚了2.2微米。就这么小的一个误差，却导致了哈勃太空望远镜的对焦不准，因而拍出来的照片都是糊的。我们不得不感慨它的精密程度。2.2微米也就只有一根头发丝直径的 $\frac{1}{50}$ 左右，而该望远镜的主镜片的口径有2.4米，这就相当于家庭聚餐时的一张大圆桌隆起了 $\frac{1}{50}$ 根头发丝的厚度就成了次品，该望远镜成了"太空中最昂贵的垃圾"。想到此，每一个参与该计划的科学家心里都无比沉重。

但感伤只是徒劳，最重要的任务是修复。最后确定的方案是给哈勃太空望远镜配一副"眼镜"来修正焦距。因为它体内空间有限，所以拆下了它的高速光度计，换上修正器材。

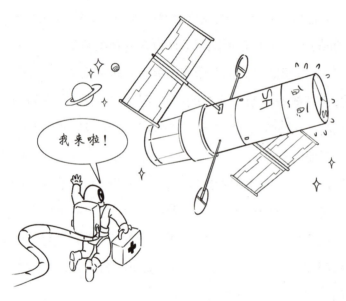

给哈勃太空望远镜配"眼镜"

这个过程非常复杂，光在地球上准备维修材料和进行宇航员的维修训练，就足足花了3年半的时间。好在最后的维修过程比较顺利，科学家们成功地把哈勃太空望远镜从半残状态恢复到具有设计时的性能，挽救了它，也挽救了NASA的声誉。

"配戴上眼镜"的哈勃太空望远镜终于为我们献上了宇宙深处的美景。至今它已经运行了约30年，为人类探测了4万多个天体，观测任务超过150万次。

它的发现不断推动着天文学的发展。比如：它证明了宇宙正处在不断的膨胀之中；它发现了每个星系中间都存在着巨大的黑洞；它测定了宇宙的年龄是约138亿年；它帮我们看到了很多太空事件的细节，比如当年的彗星撞击木星……这样伟大的发现不胜枚举。它成就了天文学研究的黄金年代。

有人把哈勃太空望远镜的贡献总结成一句话：宇宙总是冲人类挤眉弄眼，

只是我们不知道，直到勤恳能干的哈勃太空望远镜打开了天眼。

当然，所有的近地轨道航天器（2000千米以下），都面临着轨道衰减的问题。想要让哈勃太空望远镜工作得更久一些，就要进行持续的保养，适时更换零件。但自从2011年美国的最后一架航天飞机停飞以后，就再没对它进行过维修和护理了。如果这样下去，到2021年，它就会坠毁。希望在此之前，人类能想到补救的办法，延长它的寿命。

"接班人"

同时，人类也已经为哈勃太空望远镜找好了"接班人"，那就是号称"史上最强大的太空望远镜"——詹姆斯·韦伯太空望远镜，它的主镜口径达到了6.5米，镜面的粗糙程度被要求控制在20纳米以下，1纳大概相当于头发丝直径的六万分之一，这精密程度令人难以想象。同时它的轨道位置预计距离地球约150万千米，这也代表着一旦它出现问题，人类是无法前去修复的。

正是因为技术要求实在太高，詹姆斯·韦伯太空望远镜的计划发射时间从2014年开始一拖再拖，被人们戏称为"万年跳票王"，目前公布的最新发射时间是最早在2021年3月30日，希望在那一天我们能见到它拔地而起直奔太空的身影。

小结

今天我们认识了哈勃太空望远镜，它是美国太空天文台计划中最出名的一台太空望远镜，为人类开启了观测宇宙的新时代，号称"人类的第三只眼"。但它的成功之路走得十分艰辛，先是太阳能光电板展不开，后是对焦不准确，还有我们文中未提及的陀螺仪失效、磁力计和动力系统故障等问题。在一系列补救措施的实施下，它"功成名就"。让我们向它表示敬意。

其实，现在人类已经开启了"第四只眼"，你知道它是哪台探测器吗？

移 民 火 星

"人类的第四只眼"究竟是何方神圣呢？

很多同学说是FAST（中国天眼）。不得不说，同学们的课外知识十分丰富，FAST确实是地球上单口径最大、最灵敏的射电望远镜，它是中国的骄傲。

但是，丁老师要说的"人类的第四只眼"并不是天眼，而是引力波探测器。

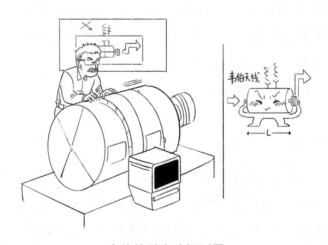

韦伯的引力波探测器

为什么说它是"人类的第四只眼"呢？因为其他的望远镜观测到的都是电磁波，都是光谱，而它所观测到的却是宇宙中大质量物体合并（黑洞、中子星合并）时产生的引力波，这种波有个非常动人的名字——"时空的涟漪"。这种大质量物体的碰撞通常发生在距离地球很远的地方，2018年12月3日发现的至当时为止最大的黑洞合并事件，就距离地球90亿光年。所以，它到达地球后是极其微弱的，这对引力波探测器装置的敏感度要求高得惊人。

现在世界上比较有名的引力波探测器有激光干涉引力波天文台，简称LIGO，位于美国。2015年9月14日，它测量到在距离地球13亿光年处的两个黑洞合并所发射出的引力波信号，参与实验的三位科学家还因此获得了2017年的诺贝尔物理学奖。由此，也可以看到这个观测结果的重要性，以及这个观测装置对于人类的价值。利用好"人类的第四只眼"，一定能让人类发现更多宇宙深处的秘密。不过，LIGO并不是我们这一讲的主要内容。

探索和认识宇宙确实是人类永恒的主题，但是，还有一个更现实的困境摆在科学家的面前，那就是人类的生存！

如今地球的环境面临很多的挑战，比如垃圾问题、温室效应、能源紧缺等。世界各国都在努力尝试解决诸如此类的问题。

可是环境问题要是继续恶化，人类会怎样？答案是：地球将不再适合人类生存，我们将被迫移民。

那么，当这一天来临的时候，我们还能搬到哪里去住？

在猜测这个问题之前，先来和大家分享两部影视作品。

一部是丁老师小时候看的《火星叔叔》，讲的是一个来自火星的怪叔叔马丁，他的头上晃着两根天线，他有能与动物交流的超能力，围绕着他发生了好多好玩的故事。

另一部电影是《火星救援》，2015年上映的时候好评如潮。它讲的是宇航员兼植物学家马克·沃特尼在乘坐"战神3号"火箭去火星执行任务的时候，发生了事故，孤身一人留在了火星。当时他的资源非常有限，他甚至只能用同伴的粪便作为养料在火星上种土豆来维持生计，等待NASA的救援。这是一个非常精彩的科幻故事，如果你没看过这部电影，可以趁着周末或者寒暑假赶紧补一补。

这两部作品都是科幻题材。但是，好的科幻作品都有一定的科学基础，并不是完全瞎编的。不管是过去，还是现在，我们都把火星看成是可能适合生命生存和将来适合我们移民的第一目的地。

火星和地球真的这么相似吗？丁老师先来介绍一下火星的情况。

古人在观测火星的时候，发现它表面是暗红色的，这让人很容易联想到战争，所以就以古罗马神话中的战神玛尔斯（Mars）的名字来命名。它有很多特

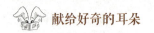

征接近于地球，丁老师归纳了一下。

1. 地形

虽然火星是一个沙漠星球，但它和地球一样拥有多样的地形，有高山、平原和峡谷。那里最大的峡谷叫作水手峡谷，比地球上最大的东非大裂谷要大得多。

2. 温度

火星的温度变化很大，平均温度远远低于地球，但是部分区域在某些时间段，温度可以保持在零下20摄氏度左右，虽然还是很冷，但已经和地球上的南极近似了，生命可以生存了。

其实从距离上来说，与地球相距最近的大行星是金星。但是金星更靠近太阳，是高温，而火星更远离太阳，是低温。低温我们还可以想办法御寒，但是在金星上，始终处于高温烘烤之下，连机器都要烤焦了，更何况是人。所以单从温度上来说，移民的目的地就不能考虑金星。

3. 火星可能有水

科学家观察到火星上有类似河流干涸形成的痕迹，又发现了它的土壤里含有水分，可能可以满足将来的移民用水。

4. 自转周期

火星自转周期，也就是一昼夜的时间，是24小时40分钟，比地球的24小时只多了40分钟。

5. 自转轴的倾斜度

地球自转轴的倾斜度为23.5度，而火星自转轴的倾斜度是25.2度，二者非常接近。简单地说，这个数据的相似决定了火星上也有与地球相似的四季变化。所以，火星的日夜和四季与地球都很相似。

6. 卫星

火星有两个小卫星，火卫一和火卫二，长得像被虫蛀过的马铃薯，这都是陨石惹的祸。但是想想，以后人类要是真的住在火星上，一抬头，两轮皎洁的明月缓缓升起，是不是有点小激动呢?

火星的特征

正因为有这些相似的特点，我们对火星充满了期待。

从50年前的"水手4号"开始，人类发射了数十架火星探测器去了解火星。NASA目前的计划是在2037年前登陆火星，ESA（欧洲航天局）的计划是在2030年到2035年之间登陆火星。

比他们更疯狂的是埃隆·马斯克，他有一个"火星移民计划"。2001年他成立了Space X（太空探索技术）公司，接着开发了可以重复使用的"猎鹰9号"火箭和宇宙飞船"龙飞船"。在2016年底他更是公布了"火星移民计划"的细节，包括全程飞行计划、到达时间预测，甚至还有单程火星之旅的费用。他的终极目标是在10年内用Space X公司的"火星运输系统"将人类送往火星，并在40年后建立火星城市。

这真是一个令人无比向往的计划，而且它正在稳步推进。

2018年2月，比"猎鹰9号"更强大的"重型猎鹰"火箭飞入太空，这是目前全球现役运载能力最强的火箭，这个火箭的3枚火箭助推器全部能够实现回收再利用；这些本来是科技强国倾全国之力才能做到的事情，现在被Space X公司实现了。

还有一个更酷的计划，Space X公司还要送两名乘客到达月球轨道，而且这两名乘客不是经过正规训练的宇航员，而是花钱购买"星际旅游"的富豪，目前已经确定成行一位是日本某富商，据称他将会在2023年启程飞往月球。

当然，进入月球轨道与真正实现人类移民火星还有很大的距离，还有很多很多问题亟待解决，比如：计划的飞行时间长达几个月，对健康影响非常大；火星必须升温才能适合人类长期居住；还需要让火星形成稳定的生物圈……

但是，人类科学的进步，哪一次不是最终超乎了我们自己的想象呢？说不定此刻正在阅读的你们之中就有人未来成为为人类开疆拓土的划时代领袖。

小结

这一讲我们从向哪里移民开始说起，聊了两部关于火星的影视作品，讲了火星与地球的几个环境相似点，最后说了"火星移民计划"，这个由私营公司创建的计划，在开始阶段举步维艰，但一次次的努力和成功，鼓舞着人类飞向更远的梦想。也许，我们有生之年真的还能看到人类飞往火星的事实，这将是多么美好的一个画面。

外星人为什么不来找我们

讲完了火星，关于人类探索太阳系的历程，我们就暂时告一段落了。不过，关于浩瀚宇宙的话题可没有结束，接下来我们就要来讲一个热门话题——外星人。为什么说这是个热门话题呢？因为很多很多的同学问过丁老师这个问题："老师，您相信有外星人吗？"此时正阅读的同学们，你们有过这样的疑问吗？

首先表明立场，丁老师相信，宇宙中存在外星人，当然这是丁老师的个人观点。

丁老师这样猜测的理由有两个，一个是大，一个是长。宇宙太大了，科学家的计算结果是，银河系中大概就有1000亿个与地球相似的行星，而宇宙中大概有100亿个银河系这样的河外星系，这个数量级是我们根本没法想象的。而宇宙的年龄又是那么长，根据宇宙大爆炸理论，它的年龄可能达到了138亿年。在年龄那么长，又如此浩瀚的宇宙中，我想应该已经有了许许多多高等的地外文明，有与我们人类一样高级，甚至比我们高级得多的外星人。

但丁老师相信他们从未到访过地球。相信有，是丁老师的猜测；而从未到访过地球，是主流科学界的共识。

总有一些杂志上的报道时而吸引我们的眼球，有人号称自己看到了坠毁的飞碟，还有人声称自己被大眼睛尖下巴的外星人绑架过，还有麦田圈、巨石阵等很多没法解释的现象都被视为外星人的杰作。

丁老师听说过的最有想象力的外星人传说，是这样说的：金字塔其实是外星人曾经的飞船基地，锥头朝下，底朝天，飞船就降落在那平坦的底座上，后来他们离开地球了，就把金字塔倒过来，于是金字塔成了建筑。好大的脑洞。

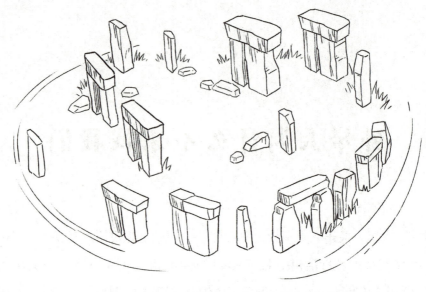

神秘的巨石阵

这些报道和传说都很吸引人。但是科学讲的是证据。到目前为止仍没有任何确凿的证据证明，外星人到访过地球这件事情。

那么问题就来了：外星人在哪里呢？这个问题有个专门的名字，叫作费米悖论。

先来说说这个问题是怎么产生的。费米是一位大物理学家，号称"物理学的教皇"。有一天，他的几位同事边吃中饭边聊外星人的传说，聊得正起劲，边上的费米问了一句：他们在哪里？

所有人都一愣。是啊，既然宇宙中存在外星人的概率那么高，那他们在哪里？为什么不来找我们？

在此后的近70年里，人们围绕这个话题争论不休。所有与外星人有关的科幻小说，几乎都在试着解释外星人在哪里，他们为什么不来找我们这些问题。有人还专门归纳过，差不多有50种解释，大致可以分为3类。

第一类解释

宇宙中不存在别的文明。这类解释认为地球的环境是极端珍稀的，是独一无二的。这类解释是最简单也是最缺少说服力的。

第二类解释

外星文明是存在的，但它们至今无法与我们接触。这一类的解释很多。比如距离太遥远，星际航行的技术还不够发达；比如它们发射的信号我们还没有能力接收或理解；或是觉得地球人的文明程度太低，它们根本不想与我们接触；等等。

第三类解释

外星文明已经来到了地球，只是我们不知道。这类解释的范围也很广，有简单一点的，如"地球人都是外星人"，"外星人就掺杂在地球人中间，但不让我们知道"这样的假说。有些假想就很有思想深度，如"动物园假想"和"天文馆假想"。

1."动物园假想"（1973 年）

地球只是高等文明专门设置的一个宇宙动物园。为了保证人类不受干扰地自由生长，外星人不会主动与我们接触，而只是默默地在宇宙深处注视着人类。所以我们始终无法接触到外星文明。

2."天文馆假想"（2001 年）

人类可能生活在一个高等文明设计制造的、高度仿真的"天文馆"里，我们仰望的整个宇宙都是被设计出来的，我们所看到的一切都只是一种幻象。这个假想与著名科幻电影《黑客帝国》的思想非常的相似。

《 三 体 》

说了这么多，要强调的是，上面说的约50种解释，基本上都来自欧洲以及美国等西方国家。那有没有来自东方的精彩解释呢？有，向同学们推荐一本超棒的科幻小说，中国作家刘慈欣的小说《三体》。

《三体》讲的是一名中国知识分子出于对人性的失望，利用高科技向宇宙广

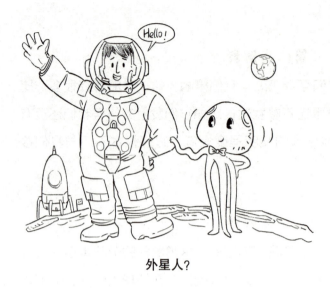

外星人？

播地球存在生命体和独特生存环境的信息，结果导致了外星高等文明的入侵，在历经几百年的抗争后，人类文明最终被更高等的文明瞬间摧毁，只留下星星之火保存着地球人复兴的希望。

在这个精彩的故事里，作者刘慈欣展现了东方人的智慧，解释了外星文明为什么不主动联系我们。他认为：

宇宙就像一座黑暗森林，每一个文明都是带枪的猎人，他必须小心翼翼，因为森林里到处都是和他一样潜行的猎人。每一个猎人都不知道忽然蹦出来的另一个猎人是善意还是凶残，是弱小还是强大。总之，一旦暴露自己就可能被另一个文明无情枪杀，所以每一个文明都在这片森林里低调地生存着，这就是宇宙的黑暗森林法则，这也是其他外星文明不来联系我们的原因。

小结

首先，关于"是不是有外星人"这个问题，丁老师亮出了自己的观点：有，但是他们从未到访过地球。然后我们讨论了费米悖论，列举了它的几种解释。最后，我们聊了刘慈欣的《三体》，有兴趣的同学可以好好品读一下。

如果你对"外星人为什么不来找我们"有自己的想法，欢迎一起来交流。

解剖"外星人"

"外星人为什么不来找我们"这个问题，曾在丁老师的留言板里炸开了锅。同学们各抒己见，给出了很多精彩的猜想。有的认为外星人吸不了地球上的氧气，会憋死的；有的认为外星人太丑没脸见我们；还有的认为他们是四维生物，不在我们的物理观察范围之内，我们监测不到他们的存在。同学们实在是太有想象力了！甚至，还有同学认为丁老师就是潜伏在地球的外星人？嘿嘿，这么惊人的秘密，丁老师可是不会承认的哦。

不过，这个世界上总有人跳出来，说自己曾经遇到过外星人，描述得还有模有样，可谓精彩纷呈：有说见到它们飞行器（UFO）的，有说与外星人偶遇的，还有说被外星人绑架的。

然而，今天丁老师要说的这个故事，可比以上的任何一个说法都要特别。因为有人说，他们解剖了一具外星人的尸体。

故事是由一盘录像带引发的。先不说解剖事件的真伪，至少这盘录像带及里面的视频是真实存在的，现在在互联网上还能找到。解剖"外星人"尸体事件发生在1995年，但是要详细了解这个故事，还要从更远的时候说起，那就是1947年的罗斯维尔事件。

罗斯维尔事件

罗斯维尔原本是美国的一个默默无闻的小镇，那里的人们过着平静、安宁的生活。然而正是在这里，发生了一件震惊世界的大事。1947年7月5日那天夜里，风雨交加，雷声大作。一个叫麦克·布莱索的农民，听到自己的农场里传出了一声巨大的爆炸声，那声音甚至盖过了所有雷声。第二天早上，风雨过去，布莱索来到自己的农场，眼前的一幕令他目瞪口呆，遍地都是金属碎片，很显然有一架飞行器坠毁在了他的农场里。随后，美国军方便控制了整个农场，荷枪实弹的士兵把农场围得水泄不通，禁止所有看热闹的人们靠近，甚至用铁丝网把这地方都围了起来。

研究员调查神秘UFO！

神秘的罗斯维尔事件

这样一来，吃瓜群众八卦的兴致就更高昂了，他们争先恐后地对着蜂拥而至的媒体不断地爆料，甚至有人说他看到了外星人的尸体，大眼小嘴尖下巴，全身穿着紧身的衣服（有没有发现，后来人们塑造的外星人基本上就是这个形象）。这就是著名的罗斯维尔事件。

以这件事为背景的科幻小说和电影长盛不衰。其中最有名的就是影片《独立日》，它描写的是地球人和外星人之间的战争，罗斯维尔事件便是它的背景。前几年它的续篇也上映了。

事情还没完结。50年后，又一件事情，把罗斯维尔事件重新牵扯了进来，而且这一次，动静就更大了。

令人震惊的录像带

1995年，英国一家电视台收到了一盘录像带，当画面展现出来的时候，屏幕前的人们都震惊了。这盘长达90分钟的影像资料，完整记录了他们解剖"外星人"的全过程。大家似乎认定这就是当年罗斯维尔事件中的"外星人"。电视台面对这块天上掉下的大馅儿饼简直就要乐疯了，他们向全世界发售这盘录像带。当年有

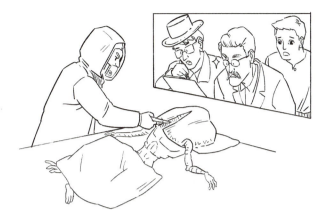

解剖"外星人"

超过40个国家播出了这个视频，全世界的飞碟迷狂热地庆祝这个史无前例的发现，他们觉得终于找到了确凿的证据来证明外星人的存在。这盘录像带就是丁老师前面提到的还能在网上看到的解剖"外星人"视频。但是，电视台忘了去追查这盘录像带的来源，忘了去辨别真伪，当然也很有可能是不想去追查和辨别。

总之，这盘录像带最终被一个执着的年轻人历经10多年的努力，找到了造假的证据。它的始作俑者是一个电视节目制作人，他承认了自己伪造的事实，并详细介绍了这盘录像带的制作过程，包括"外星人"是怎么制作出来的：它的身体里塞的其实是鸡的内脏。

美国军方回应

又过了几年，随着美国军方相关情报的解密，更加官方的解释就出来了。1997年，美国军方公开了这份档案。从满满十几箱的档案资料中，人们终于看到了罗斯维尔事件的真相。

原来，当年农场里坠毁的是美国的高空侦测气球，它主要用于对苏联核试验的监控和数据采集。而气球的下方按操作要求，往往会悬挂一些标靶，通常是由玩具厂商生产的橡皮标靶，有些甚至做成了人形。当天，就是侦测气球被雷电击中，人形标靶散落到农场，引起了人们关于飞碟坠毁的猜想。当时，正处于美苏冷战期间，双方关系相当紧张，这些内容都是当年的绝密档案，是不

能公开解释的。

但是，由于媒体的炒作，飞碟迷们始终怀疑这个事件是美国政府在隐瞒外星人存在的事实，怀疑他们在说谎。

可是历史告诉我们，科学的发现还是要相信科学家的成果，而不是相信小报记者们的八卦新闻。

小结

这一讲我们首先回顾了当年震惊世界的罗斯维尔事件，又了解了与之有关联的解剖"外星人"录像带，最后解读了美国的相关解密档案。应该说，我们至今为止还没有确凿的证据证明我们接触过外星人。

当然，没有证据证明我们接触过外星人，并不代表我们没有去找过他们。

如果我们想找到他们，有哪些方法呢？让我们下一讲来聊一聊寻找外星人的方法。

如何寻找外星人？

在丁老师小时候，有一部动画片风靡世界，后来它还被拍成了系列电影，没错，那就是《变形金刚》，包括2019年热映的《大黄蜂》，也是《变形金刚》里面的角色。那时候《变形金刚》有多火爆呢？这样说吧，当时每个男孩都想拥有一个"变形金刚"玩具。丁老师曾经就从自己的早餐费里省出钱来买过一个，它能变身成一架飞机，丁老师喜欢得不得了。那时候的课余时间，我们玩的游戏也是扮演《变形金刚》里的角色，其中最受欢迎的角色当然就是擎天柱，那可是正义的化身。

其实"变形金刚"就是我们想象出来的外星人，既有善良、勇敢的博派汽车人，又有阴险、狡诈的狂派霸天虎。

未知的外星人总是让我们心怀憧憬，又心存戒备。所以，我们该不该去找外星人呢？这一直是个争议很大的话题。但是有一点是可以明确的，这100多年来，我们从未停止过寻找外星人的足迹。

接下来，我们要聊的是，如何寻找外星人。

天文望远镜

最早点燃我们热情的是意大利天文学家夏帕雷利，他是一个痴狂的火星迷。据说在1877年的一个夏夜，他通过天文望远镜观察火星的时候，居然发现了火星上有运河。

什么是运河？运河就是"人工"开凿的河流。

这就意味着火星上应该是有外星人居住的。

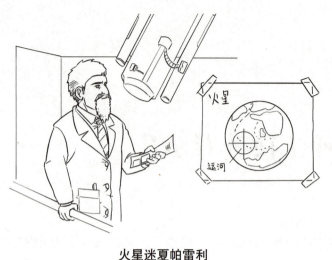

火星迷夏帕雷利

于是，世界人民沸腾了。人们开始幻想着火星上有另一个繁荣昌盛的世界，那里有草原，有牧场，有脑袋顶着天线的火星人。甚至有人写了本科幻小说，名为《两个星球的战争》，该小说很快风靡全球，成了当时的热销书。

当然，事情的结果大家都已经知道了，当"水手4号"近距离观察火星后，我们失望地发现，那里并没有所谓的运河。

不过夏帕雷利确实点燃了人类寻找外星人的热情之火。后来的欧洲航天局发射过一个火星探测器，并命名其为"夏帕雷利号"。

不管怎么说，用天文望远镜寻找外星人，这是人类的第一招，事实证明，无效。

射电望远镜

过了四五十年，人类使出了第二招：射电望远镜。

天文望远镜利用的是可见光，也就是人类肉眼能看到的光。

有同学奇怪了，还有人类看不见的"光"？有，多了去了。可见光是电磁波的一种，而且它们是一个"大家庭"，除了可见光，还有医院里用于放射的X光（X射线），还有让我们具有夜视功能的红外线，可以杀菌的紫外线，还有无线电波，它们都是"亲戚"。不同的是，在所有电磁波中，我们人类肉眼能接收到的只有可见光，即赤、橙、黄、绿、青、蓝、紫光，其他都需要用仪器才能接收到。

射电望远镜则能接收无线电波。生活中，收音机就能接收无线电波。所以说白了，射电望远镜就相当于一台超大的收音机。大自然中就有无线电波，但是文明制造出来的无线电波会有不一样的规律。简单地说吧，人类建造射电望远镜就是造一个巨大的收音机，它不是用来看而是用来"听"的，人类试图用它接收外星人的"广播信号"。

我们可以来看看射电望远镜的样子。

射电望远镜

是不是觉得它很像卫星电视的天线？没错，因为原理是一样的。下面的"锅"越大，接收电磁波的能力就越强、越灵敏。世界上最大的单口径射电望远镜，它的名字叫FAST，俗称"中国天眼"，它有30个足球场那么大。最值得我们自豪的是，它是我国的，就建在我国贵州。2016年9月25日它已经正式启用，寻找外星人只是它的一个小任务，相信它一定会为我国的天文学事业带来更多的惊喜。

目前，世界上已经建有大量的射电望远镜，甚至还形成了由几十个射电望远镜组成的望远镜阵列，非常壮观。但可惜的是，到现在为止，关于搜索外星人的信息，我们尚未有大的突破。

"贺卡"

在漫长的等待中，人们使出了第三招，这可是脑洞大开的一招：给外星人寄"贺卡"。

当时美国计划以两架太空探测器去探索木星和土星，它们就是大名鼎鼎的"先驱者10号"和"先驱者11号"，按照计划，完成任务后它们就会向宇宙的深处漫无目的地继续飞去。

有位叫卡尔·萨根的天文学家知道了这件事，就联系了NASA：能不能带点礼物给可能遇到的外星人。我们前面已经讲过，太空发射的成本那可是相当高的，所以最后谈论来谈论去，决定送一张"贺卡"：A4纸那么大；下面用铝板，因为铝的密度小，较轻；上面镀金，因为金元素稳定；上面描了一幅画，包含的信息很多，包括人类的形象、太阳系及地球的位置、人类对氢分子的认识等。这张"贺卡"当时还引起很大的争议，因为"贺卡"上地球人的形象用的是裸体。当然现在我们都能接受这种表达方式，要是画个穿着貂皮大衣的人类，外星人还以为我们长毛呢。

这以后，美国还向太空送过"贺卡"，内容比之前要更丰富一些，包括音频资料等。

冯·诺依曼机器人

第四招是脑洞最大的一个寻找外星人的思路：寻找冯·诺依曼机器人。其他的方法都是把视线瞄准了太空。然而冯·诺依曼告诉我们，可以往地下去找找。

你是不是大吃一惊：天哪！外星人在我们的地底下吗？别急，听丁老师来解释一下。

什么是冯·诺依曼机器人？冯·诺依曼是伟大的数学家、计算机科学家、物理学家，号称"计算机之父"。他提出了一个理论：机器人发展到高级阶段，就会出现能自己复制自己的机器人。

现在我们可以一起来想象一下。太空中的某个高级文明，如果已经拥有了这项技术，那么它一旦派出第一批机器人去太空探索，接下来，这些机器人就会在航行中不断复制自己，不断增加自己的数量。据计算，他们要想探索遍整个银河系只需要1亿年，和宇宙140亿年的年龄相比，时间是绰绰有余的。它们唯一需要的便是复制自己和飞船所需的矿物，所以它们会在各个星球（包括地球）的地底下留下它们采矿的痕迹。这是一个非常具有想象力的思路。还真有科学家向地底下去探索，寻找外星机器人采矿的蛛丝马迹，不过到目前为止，尚无收获。

　　　如何去找外星人？就此我们讲到了夏帕雷利的天文望远镜，聊了电磁波和射电望远镜，也为我们的"中国天眼"自豪了一把，最后讲到了"先驱者号"的"贺卡"和冯·诺依曼机器人。你的收获大吗？有没有觉得普通的收音机忽然就高大上了？以后你坐在你爸爸的车上，想听收音机的时候，可以朝爸爸来一句：嘿，老爸，帮忙打开我家的车载射电望远镜，我要窥视一下世界的真相。

"Wow" 来自太空的神秘信号

上一讲，我们介绍了人类寻找外星人最常用的四种方法，分别是利用天文望远镜、利用射电望远镜、寄"贺卡"和寻找冯·诺依曼机器人的痕迹。但是，到目前为止，从未有证据证明我们遇到过外星人，也没有发现任何一件确实属于外星人的物品。如果非要说有什么关于外星人的蛛丝马迹的话，那就必然要提到一个叫作"Wow（哇）"信号的东西。

"Wow"信号是怎么发现的呢？这得从一个人说起，那就是法兰克·德雷克，他是著名的天体物理学家，可以说是人类历史上第一个官方寻找外星文明的科学家。他于1960年开始从事"奥兹玛计划"。

"奥兹玛计划"和"地外文明搜寻计划"

奥兹是著名文学作品《绿野仙踪》里的神秘王国，而奥兹玛就是神秘奥兹国的女王。所以从"奥兹玛计划"这一名字里你就能感受到，德雷克想要在神秘的太空中找到神秘的生物——外星人。

"奥兹玛计划"的内容就是利用美国国家天文台的射电望远镜搜索太空，原理就是用大型的收音机去收听外星人的信号。

在四个月里，他累计监听了150小时。但结果令人沮丧，他失败了。

但德雷克也并不是没有收获，他从中总结出两点失败的原因并加以改进。

（1）升级装备。当时德雷克用的是26米口径的射电望远镜，比家用的卫星天线当然大许多，可是用来搜索太空就显得太小了，而且它的功能很落后，只能搜索一两个频道。于是他就发起了阿雷西博射电望远镜的建设计划，该望远镜的口径达到305米，有10个足球场那么大，用到38万片纯铝的瓦片，总体像一口无比巨大的铝锅。在"中国天眼"建成前的50多年里，它是毫无争议的世界第一大射电望远镜，被票选为"人类20世纪最伟大的十项工程"之一。

甚至在一些影视作品里我们都能见到阿雷西博射电望远镜的身影，比如007系列中的《黄金眼》和科幻片《超时空接触》等。

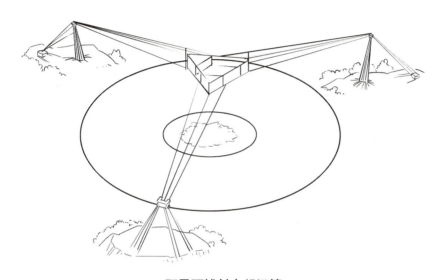

阿雷西博射电望远镜

（2）**召集更多伙伴**。德雷克牵头，实施了"**地外文明搜寻计划**"，又名"**凤凰计划**"，简称**SETI计划**，用分布于世界各地的射电望远镜等先进设备接收从宇宙中传来的电磁波，从中分析有规律的信号，希望借此发现外星文明（这个计划一直实施至今，"中国天眼"的其中一个使命，就是搜寻地外文明）。

"小绿人"信号

于是，全世界范围内的寻找外星人计划就轰轰烈烈地展开了。最先传来惊人消息的是英国剑桥大学的天文台。

事情发生在1967年，当时英国剑桥大学的**休伊什博士**和他的研究生**乔瑟琳·贝尔**等人研发了一种新型的射电望远镜。这款射电望远镜最大的优点是廉价，它与我们平时见到的射电望远镜在外形上有非常大的差异，不再是一口

"锅"。不过作为当时英国最大的射电望远镜，它的威力可不小，能探测到来自太空深处的细微信号。

由于当时的计算机技术还没普及，这台望远镜所记录的信息全都需要经人工处理后才能进行分析。而承担这个任务的正是贝尔小姐，她每天晚上要处理将近两米半长的数据纸带，这过程非常枯燥乏味。

好在我们的贝尔小姐是一个非常细致认真的人，一天她发现数据纸带上出现了一组诡异的信号。这组信号起伏很强，可又不像平时的干扰信号，因为这些信号的周期非常精准，每个脉冲信号之间的间隔都是铁一般的1.3373011秒。干扰信号不可能有这么精准的周期。

贝尔报告了休伊什博士，后来经过大家的反复监测，最终一致确认，这是来自其他天体的射电信号。这很可能就是地外文明发来的信号，一想到这里，大家都无比的激动，因为当时的科幻小说里描写过一种叫"小绿人"的高级智慧生物，所以他们就把这个信号称为"小绿人"信号。

到底这是不是外星人的信号呢？

他们抱着谨慎的科学态度继续监测。

后来，贝尔小姐又发现了太空中不同区域传来的4个固定周期的信号，这就推翻了这是外星人信号的猜想，因为不可能有4个外星文明同时用同一个频率给地球发信号吧！

休伊什博士

最后，他们发现，这其实是一种快速旋转的、具有强磁场的中子星，它一边旋转，一边会向太空中辐射电磁波，被称为脉冲星。

虽然最终证明不是外星人的信号，但是脉冲星的发现同样是天文学上的大事件，它作为计时工具比原子钟还要精准，它还可以为将来的星际航行起到导航作用。我们的休伊什博士还因此获得了诺贝尔奖，而他和贝尔小姐一起发现的第一颗脉冲星，就被称为"小绿人"星。

如果说"小绿人"信号带给了世界意外的惊喜，那么"Wow"信号带给我们的则是至今未解的神秘。

"Wow" 信号

首先说明，"Wow"信号不是外星人给我们发了一个信号"Wow"，而是当人类看到了一个特殊的信号时，惊叹了一声"Wow"，然后就有了这个名字。

搜索到这个信号的是美国俄亥俄州大学的一台射电望远镜，外号叫作"大耳朵"，它属于"地外文明搜寻计划"的一部分。1977年8月16日，"大耳朵"成功监听到一个特殊的信号，工作人员把它记录了下来。数据分析员恩曼在检查记录时，一眼就看到了这个长度为72秒的强烈的脉冲信号，他抑制不住内心的激动，用红色圆珠笔在信号上画了个红圈，在记录带的空白处写下了"Wow"，并画上了一个重重的感叹号！这就是著名的"Wow"信号。

这个信号的特殊性体现在下面几点上。

（1）它看起来不像大自然发出的无线电信号，更像是对准某个方向发射过来的。这个信号被记录了72秒（因为"大耳朵"射电望远镜会随着地球的自转而转动，对于任何一个地球以外的信号源，最多只能记录72秒的时间），而在这72秒内它还发生了强弱变化。

（2）这个信号确实来自太空中的某个点。经过定位分析，这个信号来自人马座附近。接着，全世界的天文学家都把望远镜对准了人马座区域，使用接收到"Wow"信号的频道进行监听，可惜到现在为止，都没有再监听到这个信号。

（3）这个信号出现在了极为特殊的频率上。这个频率很特别，是天文学家专门留出来的——天文学家认为，如果外星人真要发送一封电报，可能会选择这个频率。结果，"Wow"信号真出现在了那里。

这个信号是SETI计划中最著名的一次事件，但遗憾的是，"Wow"信号携带的信息非常有限，因此至今无法破译，也无法证明这是来自外星文明的信号。

但同时，人们也无法证明这是一个误会，它带给我们无限的希望和无限的遐想。

小结

　　本讲从法兰克·德雷克的"奥兹玛计划"开始说起，这个计划不仅催生了阿雷西博射电望远镜，更是激活了轰轰烈烈的"地外文明搜寻计划"（SETI 计划）。伴随着 SETI 计划，人类在天文学领域有了长足的进步，更是获得了"小绿人""Wow"等不可思议的发现。虽然外星人仍无踪迹，虽然该不该去寻找他们仍有争议，但是浩瀚的星空仍然无法阻隔我们的好奇。